Comercio de criptomonedas

El camino hacia el éxito comercial:
estrategias y herramientas para un comercio
eficaz de criptomonedas

Sofia Herrera

Tabla de contenido

INTRODUCCIÓN 6

CAPÍTULO I: Comprensión de las criptomonedas 9

¿Qué son las criptomonedas? 9

Cómo funcionan las criptomonedas 13

Criptomonedas populares en el mercado 17

CAPÍTULO II: Introducción al comercio de criptomonedas
.... **24**

Configurar una billetera de criptomonedas 24

Elegir el intercambio de criptomonedas adecuado 27

Términos y conceptos comerciales básicos 30

CAPÍTULO III: Análisis fundamental **35**

Descripción general del análisis fundamental en el comercio de
criptomonedas 35

Factores que afectan los precios de las criptomonedas 39

Análisis de noticias y sentimiento del mercado 44

CAPÍTULO IV: Análisis Técnico **49**

Introducción al análisis técnico en el comercio de criptomonedas
.... 49

Indicadores técnicos clave y cómo utilizarlos 53

Patrones de gráficos y su importancia 57

CAPÍTULO V: Desarrollo de una estrategia comercial eficaz
.... **62**

Comercio a corto plazo frente a largo plazo: pros y contras 62

Gestión de riesgos y establecimiento de objetivos comerciales ... 66

Crear un plan comercial 70

CAPÍTULO VI: Estrategias comerciales comunes **74**

Estrategias de negociación intradía para criptomonedas 74

Estrategias de swing trading para criptomonedas 77

Estrategias de negociación de posiciones para criptomonedas 81

CAPÍTULO VII: Estrategias comerciales avanzadas 87

Estrategias de especulación para criptomonedas 87

Comercio de arbitraje en el mercado de criptomonedas.................. 91

Comercio algorítmico y bots 95

CAPÍTULO VIII: Análisis del sentimiento del mercado de criptomonedas 100

Importancia del análisis de sentimiento en el comercio 100

Herramientas y técnicas para el análisis de sentimientos 104

Incorporación del análisis de sentimiento en su estrategia comercial 109

CAPÍTULO IX: Gestión de riesgos y psicología en el comercio de criptomonedas 115

Comprensión y gestión de riesgos 115

Disciplina emocional y psicología comercial 118

Cómo afrontar las pérdidas y mantener una mentalidad positiva.......
.... 121

CAPÍTULO X: Seguridad y privacidad en el comercio de criptomonedas 126

Mejores prácticas para proteger sus tenencias de criptomonedas........
.... 126

Protegiendo su privacidad mientras opera 131

Cómo lidiar con estafas y fraudes en el espacio criptográfico 135

CAPÍTULO XI : Creación de una cartera diversificada de criptomonedas 139

La importancia de la diversificación 139

Identificación de criptomonedas prometedoras para su cartera..........
.... 144

Reequilibrio y gestión de su cartera 148

CAPÍTULO XII: Evaluación de ofertas iniciales de monedas.... (ICO) y nuevos proyectos **152**

Comprender las ICO y las ventas de tokens 152

Evaluación de la viabilidad de nuevos proyectos de criptomonedas 156

Evitar estafas y ICO fraudulentas 158

CAPÍTULO XIII: Impuestos y consideraciones legales para el comercio de criptomonedas **162**

Implicaciones fiscales del comercio de criptomonedas 162

Aspectos legales y regulatorios a considerar 164

Mantener registros e informes precisos 167

CONCLUSIÓN **171**

Tendencias emergentes en el mercado de las criptomonedas 171

Posibles desafíos y oportunidades 174

Pensamientos finales y comentarios finales 177

INTRODUCCIÓN

La aparición de las criptomonedas ha sido un fenómeno financiero revolucionario en los últimos años. Estos activos digitales, impulsados por la tecnología blockchain, han revolucionado la forma en que percibimos e intercambiamos valor. También han perturbado los sistemas financieros establecidos. El comercio de criptomonedas se ha convertido en una posibilidad fascinante tanto para inversores experimentados como para principiantes a medida que las criptomonedas continúan ganando popularidad y reconocimiento.

Bienvenido a "Comercio de criptomonedas: el camino hacia el éxito comercial: estrategias y herramientas para un comercio eficaz de criptomonedas". En este completo libro electrónico, emprendemos un viaje al fascinante mundo del comercio de criptomonedas y exploramos las estrategias, recursos e ideas rectoras que pueden ayudarnos a tener éxito en este mercado dinámico.

Cada vez más personas se sienten intrigadas por la idea de intercambiar activos digitales para obtener ganancias a medida que madura el mercado de las criptomonedas. Es importante comprender que el comercio de criptomonedas puede ser fascinante y peligroso. Debido a la naturaleza volátil de estos mercados, los operadores deben tener una sólida comprensión del análisis técnico y fundamental, una comprensión de la gestión de riesgos y el control emocional para hacer frente a los altibajos inevitables.

Este libro electrónico actúa como una hoja de ruta para operadores de todos los niveles de experiencia, desde recién llegados que buscan ingresar al mundo de las criptomonedas hasta inversores experimentados que buscan perfeccionar sus estrategias y maximizar sus retornos. A lo largo de sus páginas, explicaremos las ideas subyacentes que sustentan las criptomonedas, las complejidades de los diferentes enfoques comerciales y los recursos esenciales que los operadores pueden utilizar para obtener una ventaja.

Nuestro viaje comienza con un estudio exhaustivo de las criptomonedas, analizando su funcionalidad, atractivo e influencia en el entorno financiero. Después de establecer esta base, nos sumergimos en el ámbito del comercio y explicaremos los procedimientos necesarios para comenzar, desde la creación de una billetera de criptomonedas hasta la elección de la mejor plataforma de intercambio para sus necesidades.

La capacidad de realizar un análisis de mercado exhaustivo es la clave para un comercio rentable de criptomonedas. Con ese fin, dedicamos un capítulo completo al análisis fundamental y técnico, instruyendo sobre cómo interpretar los patrones del mercado, evaluar las noticias y la opinión pública, e interpretar numerosos gráficos e indicadores.

Ahora procedemos a la creación de una estrategia comercial exitosa armada con este conocimiento. Este libro electrónico brinda consejos vitales para crear un plan comercial que sea específico para sus objetivos y tolerancia al riesgo, ya sea que elija el corto plazo, el largo plazo o un punto intermedio. Desde el day trading y el swing trading hasta técnicas más sofisticadas como el scalping y el trading algorítmico, examinaremos las numerosas estrategias comerciales disponibles.

La investigación de sentimiento se ha convertido en una herramienta útil para evaluar el sentimiento del mercado y los posibles cambios de precios en el vertiginoso mundo de las criptomonedas. En este libro electrónico se trata en detalle cómo comprender e implementar el sentimiento del mercado en su enfoque comercial.

El comercio de criptomonedas presenta importantes dificultades, tanto psicológicas como técnicas. La gestión de riesgos, las mejores prácticas de seguridad y la preservación del control emocional frente a las fluctuaciones del mercado son temas que reciben mucha atención en nuestro libro electrónico.

Es fundamental mantenerse al tanto de las nuevas tendencias, cuestiones legales y posibilidades y riesgos potenciales a medida que se desarrolla la industria de las criptomonedas. Nuestro viaje llega a su fin con una mirada al comercio de criptomonedas en el futuro y los interesantes desarrollos que nos esperan.

"Comercio de criptomonedas: el camino hacia el éxito comercial: estrategias y herramientas para un comercio eficaz de criptomonedas" le brindará el conocimiento y las herramientas que necesita para navegar con éxito en este mercado dinámico, ya sea que sea un operador experimentado que busca perfeccionar sus habilidades o un operador novato. intrigado por el mundo de las criptomonedas. Emprendamos juntos este emocionante viaje y descubramos el potencial ilimitado del comercio de criptomonedas.

CAPÍTULO I
Comprensión de las criptomonedas

¿Qué son las criptomonedas?

En la última década, un concepto financiero revolucionario que ha cautivado la atención del mundo son las criptomonedas. Estos activos digitales, habilitados por la tecnología blockchain, han alterado los sistemas financieros tradicionales, redefiniendo la forma en que percibimos y realizamos transacciones de valor. En esta sección, explicaremos qué son las criptomonedas, cómo funciona, su tecnología subyacente y su impacto en el panorama financiero global.

Las criptomonedas, tal como las conocemos hoy, surgieron por primera vez con la creación de Bitcoin en 2009 por un individuo o grupo anónimo que utilizaba el seudónimo de Satoshi Nakamoto. El documento técnico de Bitcoin describió un sistema de efectivo electrónico descentralizado de igual a igual que permitiría a los usuarios realizar transacciones directamente sin la necesidad de intermediarios como bancos o gobiernos. Este concepto innovador presentó al mundo la tecnología blockchain, la base subyacente de todas las criptomonedas.

La criptomoneda es fundamentalmente un tipo de moneda digital o virtual que utiliza métodos criptográficos para verificar transferencias de activos, controlar la creación de nuevas unidades y asegurar transacciones financieras. Las criptomonedas, a diferencia de las monedas fiduciarias que tradicionalmente emiten los gobiernos, están descentralizadas y se ejecutan en un sistema de contabilidad distribuido, lo que garantiza la transparencia, la seguridad y la inmutabilidad de las transacciones.

El funcionamiento de las criptomonedas se basa en la tecnología blockchain, un libro de contabilidad descentralizado y distribuido que registra todas las transacciones en una red de computadoras. Cada transacción, denominada "bloque", está vinculada criptográficamente al bloque anterior, creando una cadena de bloques; de ahí el nombre "cadena de bloques". Esta cadena garantiza que cada transacción sea transparente y a prueba de manipulaciones, ya que cualquier alteración de un bloque requeriría el consenso de la mayoría de los participantes en la red.

Las criptomonedas poseen varias características clave que las diferencian de las monedas fiduciarias tradicionales. En primer lugar, operan de forma descentralizada, lo que significa que ninguna entidad tiene control absoluto sobre la moneda. Esta descentralización garantiza que las criptomonedas no estén sujetas a las mismas vulnerabilidades que los sistemas centralizados y resistan la censura y el control gubernamental.

En segundo lugar, para proteger las transacciones y regular la generación de nuevas unidades, las criptomonedas se basan en procedimientos criptográficos. Esto los hace altamente seguros y resistentes al fraude y la falsificación, brindando a los usuarios una gran confianza en el sistema.

En tercer lugar, si bien las transacciones en una cadena de bloques son transparentes y rastreables, las identidades de las partes suelen estar cifradas, lo que proporciona a los usuarios cierto grado de privacidad y seudónimo.

Además, muchas criptomonedas tienen un suministro limitado, lo que significa que se puede crear una cantidad máxima de monedas. Por ejemplo, la oferta de Bitcoin está limitada a 21 millones de monedas, o que añade un aspecto de escasez a su valor.

Además, las criptomonedas permiten transacciones transfronterizas fluidas, eliminando la necesidad de intermediarios tradicionales y reduciendo el tiempo y el costo de las transferencias internacionales. Esta característica podría transformar la forma en que llevamos a cabo el comercio y las remesas globales. Desde los inicios de Bitcoin, se han creado miles de criptomonedas, cada una con sus características y casos de uso únicos. Bitcoin sigue siendo el líder del mercado y sirve como depósito de valor y medio de intercambio. La industria de las finanzas descentralizadas (DeFi) ha crecido rápidamente como resultado de la introducción de contratos inteligentes por parte de Ethereum, que permiten a los desarrolladores crear aplicaciones descentralizadas (DApps) en la cadena de bloques de la plataforma. Otras criptomonedas populares incluyen Ripple, que tiene como objetivo facilitar pagos transfronterizos rápidos y de bajo costo, Litecoin, una alternativa más rápida y escalable a Bitcoin, y Cardano, que se centra en la escalabilidad, la sostenibilidad y la interoperabilidad.

La aparición de las criptomonedas ha tenido un profundo impacto en el panorama financiero mundial. En primer lugar, tienen el potencial de brindar servicios financieros a poblaciones no bancarizadas o insuficientemente bancarizadas, otorgándoles acceso a la economía global y apoderándose económicamente.

En segundo lugar, al eliminar intermediarios, las criptomonedas reducen los costos de transacción, mejoran la eficiencia y aumentan la velocidad de las transferencias transfronterizas. Esto puede remodelar la infraestructura financiera global y promover la inclusión financiera.

En tercer lugar, la llegada de la tecnología blockchain ha provocado una ola de innovación que ha llevado al desarrollo de aplicaciones descentralizadas, tokens no fungibles (NFT) y nuevos instrumentos financieros. Esta innovación puede potencialmente transformar varias industrias, desde las finanzas hasta la gestión de la cadena de suministro y más.

Sin embargo, la naturaleza descentralizada de las criptomonedas ha presentado desafíos para los reguladores de todo el mundo, lo que ha dado lugar a debates sobre cómo lograr un equilibrio entre la innovación y la protección de los inversores. La falta de autoridad centralizada y la naturaleza seudónima de las transacciones han generado preocupaciones sobre un posible uso indebido para actividades ilícitas, lavado de dinero y evasión fiscal.

En conclusión, las criptomonedas han surgido como una fuerza innovadora en el mundo de las finanzas, desafiando los sistemas financieros tradicionales e introduciendo nuevos paradigmas de intercambio de valor. A medida que la tecnología continúa evolucionando, las personas, las empresas y los gobiernos deben comprender los posibles beneficios y riesgos de esta revolución digital. Si bien las criptomonedas ofrecen interesantes oportunidades para el empoderamiento financiero y la innovación, también exigen una consideración cautelosa y una comprensión profunda de la tecnología subyacente. Al mirar hacia el futuro, las criptomonedas prometen remodelar el panorama financiero global, marcando el comienzo de una nueva era de inclusión, eficiencia y empoderamiento financieros.

Cómo funcionan las criptomonedas

En los últimos años, las criptomonedas han arrasado en el mundo financiero, capturando la imaginación de individuos, inversores e instituciones por igual. Estos activos digitales han remodelado la forma en que percibimos y manejamos el dinero, ofreciendo nuevas posibilidades para las transacciones financieras y la inversión. En esta sección, explicaremos cómo funcionan las criptomonedas, profundizaremos en la tecnología subyacente de blockchain y comprenderemos los componentes clave que permiten el funcionamiento de estas revolucionarias monedas digitales.

Las técnicas criptográficas son utilizadas por monedas virtuales o digitales, como las criptomonedas, para controlar la creación de nuevas unidades, asegurar transacciones y validar la transferencia de activos. A diferencia de las monedas fiduciarias tradicionales emitidas por los gobiernos, las criptomonedas operan en un sistema de contabilidad descentralizado y distribuido conocido como blockchain. Esta naturaleza descentralizada garantiza la transparencia, la seguridad y la inmutabilidad de las transacciones, lo que convierte a las criptomonedas en una alternativa atractiva a los sistemas financieros convencionales.

En el corazón de la funcionalidad de las criptomonedas se encuentra la tecnología blockchain, un libro de contabilidad distribuido y descentralizado que registra todas las transacciones en una red de computadoras. Cada transacción se agrupa en un "bloque", que está vinculado criptográficamente al bloque anterior, formando una cadena de bloques; de ahí el nombre "blockchain". Esta estructura de cadena garantiza que cada transacción sea transparente y a prueba de manipulaciones, ya que cualquier alteración de un bloque requeriría el consenso de la mayoría de los participantes en la red.

Blockchain opera en una red descentralizada de nodos, que son computadoras conectadas a la red. Ninguna entidad tiene control total sobre la red, ya que cada nodo tiene una copia de toda la cadena de bloques. La descentralización mejora la seguridad y elimina la necesidad de una autoridad central, garantizando que las criptomonedas no estén sujetas a las mismas vulnerabilidades que los sistemas centralizados.

Los nodos de la red deben llegar a un acuerdo para poder autenticar y agregar transiciones a la cadena de bloques. Existen varios mecanismos de consenso, incluida la Prueba de trabajo (PoW), la Prueba de participación (PoS) y la Prueba de participación delegada (DPtoS), cada uno con su forma única de verificar las transacciones y llegar a un consenso.

En una cadena de bloques basada en PoW como Bitcoin, la minería implica resolver complejos acertijos matemáticos utilizando potencia computacional. Los mineros compiten para encontrar la solución y el primero en hacerlo añade un nuevo bloque de transacciones a la cadena de bloques. Este proceso consume muchos recursos y requiere una potencia computacional sustancial, lo que hace más difícil para cualquier individuo o entidad obtener control sobre la red.

Por el contrario, las cadenas de bloques basadas en PoS utilizan validadores que son elegidos para agregar bloques en función de la cantidad de monedas que poseen y que están dispuestos a "apostar" como garantía. Se incentiva a los validadores a comportarse honestamente, ya que pueden perder sus monedas apostadas si actúan de manera maliciosa.

Las transacciones de criptomonedas ocurren cuando los usuarios transfieren activos digitales de una dirección de billetera a otra. Estas transacciones se registran en la cadena de bloques y son visibles públicamente. Sin embargo, si bien las transacciones son transparentes, las identidades de las partes suelen estar cifradas, lo que proporciona cierto grado de privacidad y seudónimo.

Cada transacción está protegida mediante técnicas criptográficas, lo que garantiza que la transacción sea legítima y a prueba de manipulaciones. Una transacción que ha sido validada y agregada a la cadena de bloques no se puede cambiar, lo que brinda al sistema una alta seguridad y confianza.

La seguridad y la inmutabilidad son dos de los beneficios clave de la tecnología blockchain. Una vez que se agrega un bloque a la cadena de bloques, pasa a formar parte de un registro permanente e inalterable de transacciones. Esto hace que blockchain sea altamente segura, ya que alterar un solo bloque requeriría cambiar todos los bloques posteriores de la cadena, lo cual es prácticamente imposible debido a la potencia computacional requerida.

Además, la naturaleza descentralizada de blockchain reduce el riesgo de un único punto de falla o ciberataque. Dado que la cadena de bloques es mantenida y verificada por una red distribuida de nodos, no existe un punto central al que los piratas informáticos puedan apuntar.

Para conservar y administrar criptomonedas, los usuarios necesitan una billetera digital. Las billeteras de criptomonedas vienen en varias formas, como software, hardware y billeteras en línea. Cada tipo de billetera ofrece diferentes niveles de seguridad y accesibilidad, y los usuarios pueden elegir según sus preferencias y tolerancia al riesgo.

Las ventajas de las criptomonedas son numerosas. Permiten transacciones transfronterizas rápidas y sin problemas, eliminando la necesidad de intermediarios tradicionales como los bancos y reduciendo las tarifas de transacción. Las criptomonedas tienen el potencial de ofrecer servicios financieros a poblaciones no bancarizadas o insuficientemente bancarizadas en todo el mundo, ofreciendo una oportunidad de empoderamiento económico. La transparencia de Blockchain garantiza que todas las transacciones se registren públicamente y sean visibles, lo que agrega una capa de confianza al sistema.

Sin embargo, las criptomonedas también enfrentan desafíos. Una preocupación importante es la volatilidad de los precios de las criptomonedas, que puede generar ganancias significativas pero también pérdidas sustanciales para los inversores. Además, las incertidumbres regulatorias y el posible uso indebido para actividades ilícitas han dado lugar a debates sobre cómo equilibrar la innovación y la protección de los inversores.

El futuro de las criptomonedas sigue siendo prometedor, con avances continuos en la tecnología blockchain y una mayor adopción por parte de empresas e instituciones. A medida que la tecnología madure, la escalabilidad, la privacidad y la eficiencia energética seguirán siendo áreas clave de enfoque para abordar los desafíos existentes. En conclusión, las criptomonedas, impulsadas por la tecnología blockchain, se han convertido en una fuerza innovadora en el mundo de las finanzas, introduciendo nuevas posibilidades para las transacciones financieras y la inversión. Comprender cómo funcionan las criptomonedas implica comprender los conceptos fundamentales de blockchain, mecanismos de consenso, minería y verificación de transacciones. Si bien las criptomonedas tienen ventajas como transacciones sin fronteras, inclusión financiera y transparencia, también enfrentan desafíos, incluida la volatilidad de los precios y las incertidumbres regulatorias. A medida que avanzamos hacia el futuro, la innovación y la adopción continuas darán forma al panorama de las criptomonedas, transformando potencialmente el sistema financiero global y brindando nuevas oportunidades para el empoderamiento económico y la inclusión financiera.

Criptomonedas populares en el mercado

En el mundo de las criptomonedas, a innovación y la competencia han llevado al surgimiento de miles de activos digitales, cada uno con sus características y casos de uso únicos. Si bien Bitcoin sigue siendo la criptomoneda pionera más conocida, una gran cantidad de otras criptomonedas han ganado popularidad y reconocimiento en el mercado. En esta sección, exploramos algunas de las criptomonedas más populares del mercado, comprenderemos su tecnología subyacente, sus características clave y su impacto potencial en el panorama financiero global.

Bitcoin, a menudo llamado oro digital, fue la primera criptomoneda creada por un individuo o grupo anónimo usando el seudónimo de Satoshi Nakamoto en 2009. Introdujo el concepto de un sistema de efectivo electrónico descentralizado de igual a igual, revolucionando la forma en que percibimos y realizamos transacciones de valor. Bitcoin emplea un método de consenso de prueba de trabajo (PoW) en el que los mineros compiten para confirmar las transacciones y agregarlas a la cadena de bloques resolviendo difíciles acertijos matemáticos.

Una de las características más distintivas de Bitcoin es su suministro limitado de 21 millones de monedas, lo que lo hace inherentemente escaso y deflacionario. Esta característica ha contribuido a su reputación como depósito de valor, similar a los metales preciosos como el oro. La importancia de Bitcoin se extiende más allá de su utilidad como moneda digital, ya que se ha convertido en un vehículo de inversión popular y una cobertura contra las incertidumbres financieras tradicionales.

Ethereum, creado por Vitalik Buterin en 2015, introdujo un concepto innovador que se extendió más allá de las simples transacciones entre pares. Dio vida al concepto de "contratos inteligentes", permitiendo a los desarrolladores crear aplicaciones descentralizadas

(DApps) en su blockchain. Ethereum opera con un mecanismo de consenso de prueba de participación (PoR), alejándose de PoW para mejorar la escalabilidad y la eficiencia energética.

Los tokens no fungibles (NFT), los protocolos de finanzas descentralizadas (DeFi) y una variedad de aplicaciones adicionales en todas las industrias fueron posibles gracias a la llegada de los contratos inteligentes. Como resultado, Ethereum se ha convertido en un ecosistema próspero que fomenta la innovación y la experimentación, lo que lo convierte en uno de los actores más importantes del mercado de las criptomonedas.

Ripple, lanzado en 2012, es conocido por su enfoque en facilitar pagos transfronterizos rápidos y de bajo costo. A diferencia de muchas otras criptomonedas, el principal público objetivo de Ripple son las instituciones financieras y los proveedores de servicios de pago. Opera con un algoritmo de consenso único llamado Algoritmo de Consenso del Protocolo Ripple (RPCA).

La criptomoneda nativa de Ripple, XRP, sirve como moneda puente para facilitar las transacciones internacionales, con el objetivo de reducir el tiempo y el costo de las transferencias transfronterizas. Aunque Ripple ha enfrentado desafíos regulatorios y disputas legales, sigue siendo un actor destacado en el mercado de las criptomonedas debido a su potencial para revolucionar los sistemas de pago globales.

Litecoin, creado por Charlie Lee en 2011, a menudo se llama "la plata del oro de Bitcoin". Opera con un mecanismo de consenso PoW, similar a Bitcoin, pero ofrece tiempos de generación de bloques más rápidos y una cadena de bloques más escalable. Esto hace que

Bitcoin sea ideal para transacciones más pequeñas y pagos diarios.

Litecoin ha ganado popularidad por su facilidad de uso y su papel como banco de pruebas para nuevas características que Bitcoin podría adoptar. Como resultado, se ha establecido como una de las criptomonedas más confiables y aceptadas del mercado.

Cardano, lanzado en 2017 por un equipo de ingenieros y académicos, tiene como objetivo proporcionar una plataforma segura y sostenible para desarrollar aplicaciones descentralizadas y contratos inteligentes. Cardano opera con un mecanismo de consenso PoS y utiliza una arquitectura en capas única, que separa las capas de liquidación y computación.

El enfoque de Cardano en la investigación académica, la verificación formal y el desarrollo revisado por pares ha atraído una atención significativa. Su objetivo es abordar cuestiones de escalabilidad, interoperabilidad y sostenibilidad, posicionándose como una plataforma blockchain robusta y tecnológicamente avanzada. Binance Con, la criptomoneda nativa del intercambio Finance, se lanzó inicialmente como un token ERC-20 en la cadena de bloques Ethereum. Sin embargo, con el lanzamiento de Binance Chain, BNB migró a su blockchain. BNB opera con un mecanismo de consenso PoS y su caso de uso principal es el pago de tarifas de transacción en el intercambio financiero.

Además, Binance Coin se utiliza en varios proyectos de finanzas descentralizadas (DeFi) y ofertas iniciales de monedas (ICO) alojadas en Binance Smart Chain. La utilidad de BNB y su asociación con uno de los intercambios de criptomonedas más grandes del mundo han contribuido a su adopción y popularidad generalizadas.

Polkadot, creada por el cofundador de Ethereum, el Dr. Gavin Wood, es una plataforma blockchain única que tiene como objetivo facilitar la interoperabilidad entre diferentes blockchains. Opera con un mecanismo de consenso PoS y emplea una cadena de transmisión y una arquitectura de paracaídas.

La capacidad de Polkadot para conectar múltiples cadenas de bloques a través de su red interoperable ha atraído una gran atención por parte de desarrolladores y proyectos que buscan colaborar y compartir información en diferentes ecosistemas. Su potencial para abordar los desafíos de escalabilidad e interoperabilidad lo ha establecido como uno de los proyectos blockchain más prometedores.

Chainlink es una red Oracle distribuida que conecta contratos inteligentes en blockchain con datos del mundo real, así como API de fuentes externas. Su objetivo es resolver el problema de la confianza y la confiabilidad en la obtención de información externa para contratos inteligentes. Chainlink opera con un mecanismo de consenso PoS y se basa en una red de nodos para proporcionar datos precisos y seguros a los contratos inteligentes.

La integración de los oráculos descentralizados de Chainlink se ha vuelto crucial para los protocolos DeFi y diversas aplicaciones blockchain que requieren entradas de datos del mundo real. Su papel como proveedor de Oracle confiable y seguro ha aumentado su adopción de criptomonedas.

Stellar, creada por Jed McCaleb y Joyce Kim en 2014, es una plataforma que facilita transacciones transfronterizas y promueve la inclusión financiera para poblaciones no bancarizadas o insuficientemente bancarizadas. Stellar opera con un algoritmo de consenso único llamado Stellar Consensus Protocol (SCP).

La criptomoneda nativa de Stellar, XML, sirve como un activo puente para facilitar transacciones transfronterizas rápidas y de bajo costo, similar a Ripple. El énfasis de la plataforma en promover el acceso financiero y facilitar las remesas en los países en desarrollo la ha posicionado como un actor esencial en el mercado de las criptomonedas.

Solana, lanzada en 2020, es una plataforma blockchain de alto rendimiento diseñada para ofrecer velocidades de transacción rápidas y tarifas bajas. Opera con un mecanismo de consenso de PoST único conocido como Prueba de Historia (PoH), cuyo objetivo es mejorar la escalabilidad sin comprometer la seguridad.
El alto rendimiento y los rápidos tiempos de confirmación de Solana la han convertido en una opción atractiva para aplicaciones descentralizadas, mercados NFT y proyectos de juegos. Su creciente ecosistema y sus innovaciones técnicas lo han posicionado como un competidor prometedor en el competitivo mercado de las criptomonedas.

El mercado de las criptomonedas continúa evolucionando rápidamente y periódicamente surgen nuevos proyectos e innovaciones. Si bien Bitcoin sigue siendo la fuerza dominante del mercado y el oro digital, otras criptomonedas como Ethereum, Ripple, Litecoin y Cardano se han labrado nichos y casos de uso importantes. Cada criptomoneda aporta su propuesta de valor única y aborda desafíos específicos en el panorama financiero global.

A medida que la tecnología blockchain madure y aumente la adopción masiva, es probable que el papel de estas populares criptomonedas se expanda, dando forma al futuro de la industria financiera. Los inversores deben realizar una investigación exhaustiva antes de realizar cualquier inversión en activos digitales, proceder con precaución y tener en cuenta que el mercado de las criptomonedas es altamente especulativo y volátil. El panorama de las criptomonedas seguirá siendo testigo de avances transformadores, y la popularidad de criptomonedas específicas puede camb ar con la dinámica cambiante del mercado.

CAPÍTULO II
Introducción al comercio de criptomonedas

Configurar una billetera de criptomonedas

Las criptomonedas han ganado una popularidad significativa en los últimos años y, a medida que más personas buscan aventurarse en este panorama digital emergente, uno de los pasos principales es configurar una billetera de criptomonedas. Una billetera de criptomonedas es una bóveda digital segura para almacenar, administrar y realizar transacciones con activos digitales. A diferencia de las billeteras tradicionales que contienen efectivo físico, una billetera de criptomonedas almacena claves privadas, que son códigos criptográficos que otorgan acceso y propiedad a criptomonedas específicas en la cadena de bloques.

Hay varios tipos de billeteras de criptomonedas disponibles para satisfacer diferentes necesidades y preferencias. Las carteras de software son programas de software que pueden ejecutarse en computadoras de escritorio o dispositivos móviles y brindan control directo sobre las claves privadas. Las carteras de escritorio como Electrum, y las carteras móviles como Trust Wallet, ofrecen comodidad y accesibilidad. Por otro lado, las billeteras web operan en servidores basados en la nube y pueden estar alojadas o no alojadas. Las billeteras web

alojadas como Coinbase ofrecen facilidad de uso pero implican confiarle a un tercero las claves privadas, mientras que las billeteras web no alojadas como MyEtherWallet permiten a los usuarios mantener un control directo sobre sus claves.

Las claves privadas se mantienen fuera de línea mediante carteras de hardware para mayor seguridad. Ledger Nano S y Trezor son ejemplos populares de carteras de hardware. Además, las billeteras de papel implican imprimir las claves públicas y privadas en un documento físico, lo que proporciona una capa adicional de seguridad ya que mantiene las claves fuera de línea.

Configurar una billetera de criptomonedas implica varios pasos esenciales. En primer lugar, las personas deben investigar y elegir una billetera que se ajuste a sus necesidades. Los factores a considerar incluyen la seguridad, la facilidad de uso, la compatibilidad con las criptomonedas deseadas y la reputación de la billetera en la comunidad de criptomonedas.

Una vez seleccionada una billetera, los usuarios deben descargar e instalar el software o conectar el dispositivo de hardware a su computadora o dispositivo móvil. Al abrir la aplicación de billetera, se les guiará a través del proceso de creación de una nueva billetera, que generalmente implica generar un conjunto de claves públicas y privadas.

El siguiente paso crucial es crear una copia de seguridad de la billetera. La mayoría de las aplicaciones de billetera generan una frase mnemotécnica o frase inicial, que es una lista de palabras aleatorias que actúan como respaldo para la billetera. Esta frase mnemotécnica debe escribirse de forma segura y almacenarse en varias ubicaciones físicas para garantizar las opciones de recuperación en caso de pérdida o daño del dispositivo.

La seguridad es primordial cuando se trata de criptomonedas y se deben seguir varias prácticas recomendadas. Habilitar la autenticación de dos factores (2FA) siempre que sea posible agrega una capa adicional de protección al acceso a la billetera. Mantener actualizado el software y el sistema operativo de la billetera ayuda a protegerse contra posibles vulnerabilidades de seguridad. Los usuarios deben estar atentos a los intentos de phishing y evitar hacer clic en enlaces sospechosos para proteger sus claves privadas.

Diversificar las tenencias de criptomonedas en múltiples billeteras puede reducir el riesgo, particularmente para cantidades significativas de activos digitales. Para almacenamiento a largo plazo o tenencias sustanciales, se recomiendan billeteras de hardware o billeteras de papel almacenadas en ubicaciones físicas seguras.

En conclusión, configurar una billetera de criptomonedas es un paso crucial para navegar por el mundo de los activos digitales. Al comprender los distintos tipos de billeteras disponibles y seguir las mejores prácticas de seguridad, los usuarios pueden administrar, almacenar y realizar transacciones con confianza con sus criptomonedas. Ya sea que se opte por carteras de software por conveniencia, carteras de hardware para mayor seguridad o carteras de papel para almacenamiento a largo plazo, salvaguardar las claves privadas sigue siendo primordial. A medida que evoluciona el ecosistema de las criptomonedas, es probable que la tecnología de billetera avance aún más, brindando a los usuarios funciones mejoradas y medidas de seguridad mejoradas para proteger sus valiosos activos digitales.

Elegir el intercambio de criptomonedas adecuado

El auge de las criptomonedas ha provocado una creciente demanda de plataformas seguras y fáciles de usar para facilitar el comercio y la inversión en activos digitales. Los intercambios de criptomonedas sirven como puerta de entrada a este apasionante mundo y brindan un espacio para comprar, vender e intercambiar diversas criptomonedas. Sin embargo, con numerosos intercambios disponibles, cada uno de los cuales ofrece sus características y servicios únicos, elegir el intercambio de criptomonedas adecuado puede llevar tiempo y esfuerzo. Esta sección explora los factores esenciales a considerar al seleccionar un intercambio de criptomonedas y las mejores prácticas para garantizar una experiencia comercial segura y fluida.

Las plataformas comerciales en línea conocidas como intercambios de criptomonedas sirven como intermediarios entre compradores y vendedores para facilitar las transacciones que involucran activos digitales. Ofrecen una amplia gama de criptomonedas, incluidas las populares como Bitcoin y Ethereum y altcoins menos conocidas. Al elegir un intercambio, la seguridad es primordial. Es fundamental seleccionar plataformas que cumplan con las regulaciones pertinentes, ofrezcan autenticación de dos factores (2FA) para mayor seguridad y almacene la mayoría de los fondos de los usuarios en almacenamiento en frío fuera de línea para protegerlos contra intentos de piratería.

La experiencia del usuario es otro factor crítico a considerar. Una interfaz fácil de usar y un diseño intuitivo son especialmente vitales para los principiantes en el espacio de las criptomonedas. Además, la disponibilidad de herramientas comerciales, como opciones de gráficos y tipos de órdenes, mejora la experiencia comercial general.

La selección de criptomonedas soportadas también es fundamental. Asegúrese de que el intercambio ofrezca las principales criptomonedas y una amplia gama de altcoins, según sus preferencias de inversión específicas. La liquidez también es una consideración crucial. Los volúmenes de negociación más altos y la mayor profundidad de la cartera de pedidos indican una mayor liquidez, lo que lleva a transacciones más eficientes y un mejor descubrimiento de precios.

Las tarifas y cargos pueden afectar significativamente sus costos comerciales. Considere las tarifas comerciales, las tarifas de depósito y las tarifas de retiro asociadas con el intercambio. Algunas plataformas ofrecen tarifas con descuento para operadores de gran volumen, por lo que es esencial evaluar la estructura de costos para alinearse con su estrategia comercial.

La atención al cliente es un aspecto importante de un intercambio de buena reputación. La atención al cliente rápida y receptiva puede ayudar a abordar cualquier problema o consulta de manera eficiente. Además, los intercambios que ofrecen atención al cliente 24 horas al día, 7 días a la semana son ventajosos, especialmente para los comerciantes en diferentes zonas horarias.

Las restricciones geográficas son una consideración esencial. Algunos intercambios pueden tener limitaciones en cuanto a los países o regiones a los que prestan servicios. Asegúrese de que el intercambio sea accesible y cumpla con las regulaciones de su país antes de continuar.

Los intercambios de criptomonedas son de varios tipos, incluidos los intercambios centralizados (CEX), los intercambios descentralizados (DEX) y los intercambios híbridos. Cada tipo tiene sus pros y sus contras. Los intercambios centralizados ofrecen alta liquidez e interfaces fáciles de usar, pero requieren que los usuarios confíen a la plataforma sus claves privadas. Los intercambios descentralizados brindan mayor seguridad y control sobre las claves privadas, pero pueden tener menor liquidez. Los intercambios híbridos combinan características de CEX y DEX, ofreciendo un equilibrio entre seguridad y liquidez.

Para tomar la decisión más informada, es esencial investigar la reputación y las medidas de seguridad del intercambio, leer las opiniones de los usuarios y probar la plataforma con un pequeño depósito antes de comprometer fondos importantes. Implemente prácticas de seguridad sólidas, como el uso de contraseñas sólidas, habilitar 2FA y considerar billeteras de hardware para el almacenamiento de activos a largo plazo.

En conclusión, seleccionar el intercambio de criptomonedas adecuado es un paso fundamental para cualquiera que busque participar en activos digitales. La consideración de factores como la seguridad, la experiencia del usuario, las criptomonedas admitidas, la liquidez, las tarifas, la atención al cliente y las restricciones geográficas pueden guiar a las personas a tomar decisiones informadas. Al mantenerse informados, investigar y seguir las mejores prácticas, los operadores pueden navegar con confianza en el panorama de las criptomonedas y maximizar su experiencia comercial en el intercambio adecuado. Es crucial que los comerciantes estén atentos y se adapten al entorno cambiante a medida que se desarrolla el mercado de criptomonedas y es probable que los intercambios implementen nuevas características y medidas de seguridad para satisfacer las crecientes solicitudes de los consumidores.

Términos y conceptos comerciales básicos

El mundo del comercio de criptomonedas ha crecido notablemente, atrayendo a inversores y comerciantes de diversos orígenes. Para navegar eficazmente en este mercado apasionante y dinámico, es esencial comprender los términos y conceptos comerciales básicos específicos de las criptomonedas. Esta sección tiene como objetivo proporcionar información valiosa sobre términos y conceptos comerciales fundamentales, equipando a los aspirantes a operadores de criptomonedas con conocimientos esenciales para operar con éxito en este espacio en rápida evolución.

Los intercambios de criptomonedas son las principales plataformas para comprar, vender e intercambiar activos digitales. Actuando como intermediarias, estas plataformas en línea facilitan las transacciones conectando a compradores con vendedores. Las órdenes de mercado y de límite son dos instrucciones comerciales comunes en las bolsas. Las órdenes de mercado incluyen la compra o venta de una criptomoneda al mejor precio disponible en el mercado, lo que garantiza una rápida finalización de la transacción. Por otro lado, las órdenes limitadas permiten a los operadores especificar un precio de compra o venta, y la operación se ejecuta sólo cuando el precio de mercado alcanza el precio límite fijo.

La gestión de riesgos es fundamental para una negociación exitosa y las órdenes de limitación de pérdidas desempeñan un papel vital. Una orden de limitación de pérdidas es una instrucción predefinida para vender una criptomoneda a un precio determinado o peor, y sirve como red de seguridad para limitar pérdidas potenciales durante condiciones de mercado volátiles. Por el contrario, las órdenes de toma de ganancias permiten a los operadores obtener ganancias estableciendo instrucciones predefinidas para vender una criptomoneda a un precio específico o mejor.

El análisis de mercado es un componente crucial del comercio de criptomonedas y dos métodos destacados son el análisis técnico y el análisis fundamental. El análisis técnico implica estudiar gráficos de precios históricos y el volumen de operaciones para predecir movimientos futuros de precios. Los comerciantes analizan patrones, tendencias e indicadores para tomar decisiones comerciales informadas. Los gráficos de velas japonesas son herramientas populares en el análisis técnico y proporcionan representaciones visuales de los movimientos de precios durante períodos de tiempo específicos.

Los niveles de soporte y resistencia son conceptos cruciales en el análisis técnico. Los niveles de soporte representan niveles de precios en los que históricamente el precio de una criptomoneda ha encontrado un fuerte interés de compra, lo que evita que caiga aún más. Por el contrario, los niveles de resistencia denotan niveles de precios en los que históricamente el precio de una criptomoneda ha enfrentado presión de venta, lo que le impide seguir subiendo.

Las medias móviles son otro indicador técnico común utilizado en el comercio de criptomonedas. Estos indicadores suavizan los datos de precios para identificar tendencias durante períodos específicos. El RSI, también conocido como índice de fuerza relativa, es un oscilador de impulso que calcula la velocidad y la varianza de los movimientos de precios. Oscila entre 0 y 100 e indica condiciones de sobrecompra o sobreventa.

Examinar los factores subyacentes que determinan el valor de una criptomoneda es un análisis fundamental. Mantenerse informado sobre las noticias y eventos del mercado puede afectar significativamente los precios. Los anuncios, las asociaciones, las novedades regulatorias y los avances tecnológicos pueden influir en el sentimiento del mercado y los movimientos de precios. Los documentos técnicos brindan información valiosa sobre proyectos de criptomonedas, detallando sus objetivos, casos de uso y arquitectura tecnológica.

La toke nómica, el modelo económico y la mecánica de suministro de una criptomoneda, es una consideración fundamental para los inversores a largo plazo. Factores como la oferta total, la tasa de inflación y la distribución de tokens pueden afectar el valor y la viabilidad a largo plazo de una criptomoneda.

La gestión de riesgos y la disciplina emocional son esenciales para el éxito del comercio de criptomonedas. Los operadores sólo deben invertir fondos que puedan permitirse perder y deben diversificar sus inversiones para mitigar pérdidas potenciales. La disciplina emocional es crucial para evitar operaciones impulsivas basadas en el miedo o la codicia, especialmente ante la volatilidad del mercado.

Los diferentes tipos de estrategias comerciales se adaptan a distintos estilos comerciales. El day trading implica comprar y vender criptomonedas dentro del mismo día de negociación, aprovechando los movimientos de precios a corto plazo. El swing trading implica mantener posiciones durante varios días o semanas para capitalizar las tendencias de precios a mediano plazo. La inversión a largo plazo implica comprar y mantener criptomonedas durante un período prolongado, a menudo en función de los fundamentos de un proyecto y el crecimiento potencial a largo plazo.

El comercio de criptomonedas ofrece varios enfoques para la participación en el mercado. Las estrategias de seguimiento de tendencias implican identificar y negociar con la tendencia predominante del mercado, ya sea alcista (alcista) o bajista (bajista). El comercio contrario implica tomar posiciones opuestas al sentimiento predominante en el mercado, apostando a las reversiones del mercado. El arbitraje implica explotar las discrepancias de precios de la misma criptomoneda en diferentes intercambios para obtener ganancias sin riesgos.

El comercio de criptomonedas no está exento de riesgos y desafíos. La alta volatilidad de los precios de los activos digitales puede provocar rápidas fluctuaciones de precios, presentando tanto oportunidades como riesgos. La incertidumbre regulatoria puede afectar el sentimiento del mercado y las implicaciones legales. Además, los riesgos de seguridad son inherentes al espacio de las criptomonedas, con intercambios y billeteras vulnerables a ataques de piratería, lo que podría resultar en pérdida de fondos.

En conclusión, comprender los términos y conceptos comerciales básicos en criptomonedas es fundamental para el éxito del comercio y la inversión. Ya sea ejecutando órdenes de mercado, órdenes limitadas, órdenes de limitación de pérdidas u órdenes de toma de ganancias, los operadores pueden gestionar eficazmente sus posiciones en el mercado. Las técnicas de análisis técnico y fundamental permiten la toma de decisiones informadas basadas en gráficos de precios, indicadores y fundamentos del proyecto. La gestión de riesgos y la disciplina emocional son componentes críticos para navegar con éxito en el volátil mercado de las criptomonedas. Con varias estrategias comerciales disponibles, los operadores pueden elegir enfoques que se alineen con su tolerancia al riesgo y sus objetivos. Sin embargo, es esencial reconocer los riesgos y desafíos inherentes al comercio de criptomonedas, y los operadores deben permanecer informados y cumplir con las mejores prácticas para prosperar en este mercado en constante evolución.

CAPÍTULO III
Análisis fundamental

Descripción general del análisis fundamental en el comercio de criptomonedas

Una amplia gama de inversores y comerciantes se sienten atraídos por el entorno rápidamente cambiante del comercio de criptomonedas en un esfuerzo por aprovechar el potencial de ganancias sustanciales. Comprender el análisis fundamental es esencial para tomar decisiones comerciales informadas en este mercado dinámico. A diferencia del análisis técnico, que se basa en gráficos de precios y tendencias del mercado, el análisis fundamental profundiza en el valor intrínseco y los factores subyacentes que influyen en el precio y las perspectivas a largo plazo de una criptomoneda. Esta sección proporciona una descripción general completa del análisis fundamental en el comercio de criptomonedas, destacando su importancia, aspectos clave, metodologías, así como riesgos y desafíos potenciales.

En el centro del análisis fundamental se encuentra la búsqueda de comprender el verdadero valor de una criptomoneda. Esto implica examinar en profundidad los fundamentos, la tecnología, los casos de uso del mundo real y la demanda del mercado del proyecto de criptomonedas. Al comprender estos elementos esenciales, los operadores pueden obtener información sobre el crecimiento potencial y la sostenibilidad de un activo de criptomoneda.

Varios aspectos clave contribuyen a la base del análisis fundamental en el comercio de criptomonedas. El primero es el estudio de los libros blancos. Estos documentos completos, a menudo publicados por los fundadores de proyectos de criptomonedas, brindan información valiosa sobre los objetivos, la arquitectura tecnológica, los casos de uso y el mercado objetivo del proyecto. La evaluación del contenido de los documentos técnicos permite a los comerciantes evaluar la visión y el impacto potencial de un proyecto en el mercado.

El equipo de desarrollo también es crucial para determinar las perspectivas de una criptomoneda. Examinar la experiencia y los conocimientos de los desarrolladores y el liderazgo del proyecto puede proporcionar información valiosa sobre su capacidad para cumplir las promesas descritas en el documento técnico. Un equipo de desarrollo fuerte y comprometido puede infundir confianza en el éxito futuro del proyecto.

La participación y la adopción de la comunidad son factores adicionales que contribuyen a la evaluación de los fundamentos de una criptomoneda. Una comunidad activa y comprometida indica una mayor adopción y apoyo a las criptomonedas. Una comunidad vibrante a menudo fomenta debates, esfuerzos de desarrollo e iniciativas impulsadas por la comunidad que pueden influir positivamente en la viabilidad a largo plazo del proyecto.

La toke nómica, el modelo económico y la mecánica de suministro de una criptomoneda, es otro aspecto crucial del análisis fundamental. Factores como la oferta total, la tasa de inflación, la distribución de tokens y la utilidad de los tokens pueden afectar significativamente el valor y el potencial a largo plazo de una criptomoneda.

Mantenerse informado sobre las noticias y eventos del mercado es fundamental para el análisis fundamental. Los anuncios, las asociaciones, los desarrollos regulatorios y los avances tecnológicos pueden afectar profundamente el valor de una criptomoneda y el sentimiento del mercado. Ser consciente de estos desarrollos permite a los comerciantes tomar decisiones más informadas.

En el comercio de criptomonedas, se aplican varias metodologías dentro del ámbito del análisis fundamental. La inversión en valor implica identificar criptomonedas que se consideran infravaloradas en comparación con su valor intrínseco. Los comerciantes que emplean esta estrategia creen que el mercado eventualmente reconocerá el verdadero valor de dichos activos.

Por otro lado, la inversión en crecimiento se centra en criptomonedas con un gran potencial de rápido crecimiento y adopción. Los operadores que utilizan este enfoque buscan activos que se encuentren en sus primeras etapas de desarrollo, anticipando una apreciación significativa de su valor con el tiempo.
La inversión impulsada por eventos gira en torno al análisis y capitalización de eventos o noticias específicos que pueden afectar sustancialmente el precio de una criptomoneda. Dichos eventos pueden incluir asociaciones importantes, actualizaciones de protocolos o aprobaciones regulatorias.
El análisis cuantitativo, la aplicación de modelos estadísticos y enfoques basados en datos, es otro método utilizado en el análisis fundamental. Esta metodología emplea métricas como el volumen de operaciones, la actividad en cadena y métricas de red para obtener información sobre el desempeño del mercado de una criptomoneda.

A pesar de los beneficios del análisis fundamental, los operadores deben considerar los riesgos y desafíos inherentes. El sentimiento del mercado y la especulación pueden conducir a movimientos irracionales de precios, desviándose del valor intrínseco de una criptomoneda. El panorama regulatorio en constante cambio también puede afectar la dinámica del mercado y las implicaciones legales, introduciendo incertidumbres en las decisiones comerciales. Además, como los proyectos de criptomonedas suelen utilizar tecnologías emergentes, los riesgos inherentes, como problemas técnicos, vulnerabilidades o competencia de nuevos proyectos, pueden influir en las perspectivas futuras de una criptomoneda.

En conclusión, el análisis fundamental es fundamental para guiar las decisiones comerciales de criptomonedas. Al evaluar los fundamentos subyacentes de un proyecto de criptomonedas, los operadores pueden tomar decisiones informadas basadas en factores del mundo real, como la tecnología, los casos de uso y el apoyo de la comunidad. Los aspectos clave del análisis fundamental incluyen el estudio de documentos técnicos, la comprensión del equipo de desarrollo, la evaluación de la participación de la comunidad, la evaluación de la toke nómica y el seguimiento de las noticias y eventos del mercado. Diferentes metodologías, como la inversión en valor, la inversión en crecimiento, la inversión impulsada por eventos y el análisis cuantitativo, permiten a los operadores identificar posibles oportunidades de inversión.

Sin embargo, los operadores también deben reconocer los riesgos y desafíos asociados con el análisis fundamental. El sentimiento del mercado, la incertidumbre regulatoria y los riesgos tecnológicos emergentes son factores que pueden afectar el precio y el rendimiento de una criptomoneda. Para afrontar estos desafíos de manera eficaz, los operadores deben permanecer atentos, realizar investigaciones exhaustivas y tomar decisiones prudentes. Al combinar el análisis fundamental con el análisis técnico y las prácticas de gestión de riesgos, los operadores pueden desarrollar un enfoque integral para prosperar en el mercado dinámico y en constante evolución de las criptomonedas.

Factores que afectan los precios de las criptomonedas

El mundo de las criptomonedas ha captado la atención de inversores y comerciantes de todo el mundo, impulsado por la promesa de rentabilidades lucrativas e innovaciones tecnológicas. Una de las características definitorias del mercado de las criptomonedas es su extrema volatilidad, y los precios a menudo experimentan rápidas fluctuaciones. Estos movimientos de precios están influenciados por varios factores, que van desde los avances tecnológicos y la demanda del mercado hasta los desarrollos regulatorios y la cobertura de los medios. Comprender los factores que afectan los precios de las criptomonedas es crucial para los comerciantes e inversores que buscan navegar en este mercado dinámico y en constante cambio. Esta sección proporciona un análisis en profundidad de los factores importantes que influyen en los precios de las criptomonedas, arrojando luz sobre su impacto e implicaciones.

La base de las criptomonedas radica en la tecnología blockchain, y los avances en los protocolos blockchain pueden afectar significativamente el valor de una criptomoneda. Las mejoras en la escalabilidad, la seguridad y la velocidad de las transacciones pueden mejorar la utilidad y la adopción de una criptomoneda y, en última instancia, hacer subir su precio. Además, las actualizaciones o bifurcaciones en el protocolo de una criptomoneda pueden crear incertidumbre en el mercado. Las bifurcaciones, como las bifurcaciones duras o las bifurcaciones blandas, pueden crear nuevas criptomonedas, lo que influye en el sentimiento de los inversores y, a su vez, en los movimientos de precios.

Los precios de las criptomonedas están profundamente influenciados por el sentimiento del mercado, que puede variar desde un optimismo extremo hasta el miedo. Las noticias positivas, como la adopción por parte de grandes empresas o el interés institucional, pueden aumentar la confianza de los inversores y provocar repuntes de precios. Por el contrario, la información negativa y las incertidumbres regulatorias pueden desencadenar ventas masivas y caídas de precios. Además, la liquidez del mercado desempeña un papel importante en la estabilidad de precios. Una mayor liquidez permite un descubrimiento de precios más preciso y reduce la probabilidad de movimientos drásticos de precios causados por operaciones más grandes.
El nivel de actividad en la red de una criptomoneda, incluido el volumen de transacciones y las direcciones

activas diarias, puede indicar el nivel de uso y adopción en el mundo real. Una base de usuarios en crecimiento puede impulsar la demanda e impactar positivamente en los precios.

Los precios de las criptomonedas son muy sensibles a las medidas regulatorias adoptadas por los gobiernos y las autoridades financieras de todo el mundo. Las regulaciones positivas que brindan claridad y fomentan la adopción generalizada pueden impactar positivamente los precios. Por el contrario, las regulaciones restrictivas pueden generar volatilidad de precios a medida que los inversores enfrentan incertidumbres en materia de cumplimiento y legalidad. Las políticas fiscales para las criptomonedas también pueden afectar el comportamiento de los inversores y la demanda general. Un trato fiscal favorable puede incentivar la inversión y el uso, mientras que las medidas fiscales punitivas pueden frenar el entusiasmo.
La cobertura de los medios juega un papel importante en la configuración de la percepción pública y el sentimiento del mercado hacia las criptomonedas. La cobertura de noticias positivas, el respaldo de figuras influyentes y la atención favorable de los medios pueden generar un mayor interés y aumentos de precios. Por el contrario, la cobertura negativa de los medios o la desinformación pueden provocar ventas masivas impulsadas por el miedo y caídas de precios. Además, las redes sociales y los foros en línea tienen un poderoso impacto en los precios. Las discusiones, opiniones y sentimientos expresados en estas plataformas pueden impulsar operaciones especulativas y movimientos de precios.

La seguridad de las criptomonedas es primordial para la confianza de los inversores. Las violaciones de seguridad y los incidentes de piratería que involucran intercambios o billeteras de criptomonedas pueden provocar caídas de precios. La pérdida de fondos y la erosión de la confianza en la seguridad del ecosistema de las criptomonedas pueden afectar negativamente a los precios.

Las tendencias económicas más amplias pueden influir en los precios de las criptomonedas. La inestabilidad económica y la devaluación de las monedas en ciertos países pueden llevar a los inversores a buscar refugio en las criptomonedas, lo que genera una mayor demanda y una apreciación de los precios. Además, eventos geopolíticos como disputas comerciales o inestabilidad política pueden desencadenar volatilidad en el mercado e influir en el sentimiento de los inversores hacia las criptomonedas.

La oferta total y la oferta circulante de una criptomoneda pueden afectar su escasez y valor. Las criptomonedas con oferta limitada y alta demanda tienen más probabilidades de experimentar una apreciación de precios. Las criptomonedas con mecanismos de consenso de prueba de trabajo tienen recompensas mineras que afectan la velocidad a la que se introducen en circulación nuevas monedas. Los eventos de reducción a la mitad, que reducen las recompensas en bloque a la mitad en intervalos específicos, pueden crear escasez de oferta e influir en los precios.

Los mercados de criptomonedas no son inmunes a la manipulación del mercado. Actividades como los esquemas de bombeo y descarga, en los que el precio de una criptomoneda se infla artificialmente y luego se vende rápidamente, pueden generar picos de precios a corto plazo seguidos de fuertes caídas. Además, el uso del apalancamiento en el comercio de criptomonedas puede amplificar los movimientos de precios. Los altos niveles de apalancamiento pueden provocar liquidaciones y caídas en cascada de precios durante períodos de extrema volatilidad.

Eventos imprevistos, como desastres naturales o crisis sanitarias globales, pueden crear perturbaciones repentinas en el mercado de las criptomonedas y afectar los precios. La pandemia de COVID-19 es un ejemplo reciente que provocó incertidumbre en el mercado e influyó en el comportamiento de los inversores hacia las criptomonedas.

La falta de una regulación integral en el mercado de las criptomonedas puede crear un entorno propenso a la manipulación del mercado y la volatilidad de los precios. Los comerciantes e inversores deben permanecer cautelosos y vigilantes ante las prácticas de manipulación del mercado.

En conclusión, los precios de las criptomonedas están influenciados por una gran cantidad de factores, y comprenderlos es esencial para tomar decisiones comerciales informadas. Los avances tecnológicos, la demanda y adopción del mercado, el entorno regulatorio, la cobertura de los medios, los factores económicos y geopolíticos, la dinámica de la oferta y a demanda, la especulación del mercado y los eventos externos desempeñan un papel importante en la configuración de los precios de las criptomonedas. Los comerciantes e inversores deben permanecer atentos, realizar investigaciones exhaustivas y practicar la gestión de riesgos para navegar eficazmente en el volátil mercado de las criptomonedas. Reconocer la interacción de estos factores y su impacto potencial en los precios puede permitir a los participantes del mercado tomar decisiones estratégicas y bien informadas en este panorama en rápida evolución.

Análisis de noticias y sentimiento del mercado

Tomar decisiones informadas es crucial en el vertiginoso y extremadamente volátil mundo del comercio de criptomonedas, por lo que es importante mantenerse informado y comprender el sentimiento del mercado. Son muchos los factores que influyen en el mercado de las criptomonedas, y las noticias desempeñan un papel crucial a la hora de moldear el sentimiento de los inversores y los movimientos de los precios. Esta sección explora la importancia de analizar las noticias y el sentimiento del mercado en el comercio de criptomonedas, profundizando en el impacto de los eventos noticiosos, los métodos de análisis del sentimiento y las implicaciones para los comerciantes e inversores.

No se puede subestimar la importancia de las noticias y el sentimiento del mercado en el mercado de las criptomonedas. Las noticias impactan profundamente el sentimiento de los inversores, influyendo en sus percepciones sobre criptomonedas específicas o sobre el mercado en su conjunto. Las noticias positivas, como asociaciones con empresas establecidas o novedades regulatorias que favorezcan las criptomonedas, pueden aumentar el optimismo y el interés de compra. Por el contrario, las noticias negativas, como violaciones de seguridad o medidas regulatorias estrictas, pueden generar miedo e incertidumbre, lo que resulta en presión de venta y caídas de precios. Comprender y analizar el impacto de las noticias en el sentimiento del mercado es esencial para predecir las tendencias del mercado y tomar decisiones comerciales bien informadas.

Varios tipos de noticias influyen significativamente en el sentimiento del mercado en el espacio de las criptomonedas. Los cambios regulatorios a menudo tienen un impacto sustancial en los precios de las criptomonedas. Las noticias relacionadas con acciones regulatorias y marcos legales pueden generar fluctuaciones de precios significativas. Las regulaciones positivas que brindan claridad y promueven la adopción generalizada pueden aumentar la confianza de los inversionistas. Por otro lado, las regulaciones restrictivas o las medidas enérgicas gubernamentales pueden crear incertidumbres y generar un sentimiento bajista.

Los avances tecnológicos también desempeñan un papel crucial en la configuración del sentimiento del mercado. Las noticias sobre actualizaciones de protocolos, mejoras en la escalabilidad, mejoras en la seguridad y velocidades de transmisión más rápidas pueden mejorar la utilidad y el potencial de crecimiento de una criptomoneda. Las actualizaciones positivas en estas áreas a menudo aumentan el interés de los inversores e impulsan los precios al alza.

Las asociaciones e integraciones son otro tipo de noticias que influyen en el sentimiento del mercado. Los anuncios de asociaciones con empresas o instituciones destacadas pueden indicar una mayor adopción y credibilidad de una criptomoneda, lo que influye positivamente en el sentimiento de los inversores.
El nivel de adopción de criptomonedas en el mundo real puede afectar significativamente el sentimiento del mercado. Las noticias que indican un mayor uso y adopción de una criptomoneda pueden crear un sentimiento positivo e impulsar los precios al alza.

El análisis del sentimiento del mercado se puede lograr mediante varios métodos. El análisis de las redes sociales es un enfoque popular, ya que plataformas como Twitter,

Reddit y Telegram son centros de debates sobre criptomonedas. Las herramientas de análisis de sentimiento rastrean y analizan el sentimiento expresado por los usuarios, proporcionando información sobre el sentimiento predominante en el mercado.

El seguimiento de los principales medios de comunicación y de las plataformas de noticias específicas sobre criptomonedas permite a los comerciantes e inversores mantenerse actualizados sobre las últimas noticias y su posible impacto en el mercado.

La interacción con comunidades y foros de criptomonedas también permite a los operadores medir el sentimiento de la comunidad, lo que puede influir en las tendencias de los precios.
Las herramientas de análisis de sentimientos que utilizan procesamiento de lenguaje natural y algoritmos de aprendizaje automático pueden analizar artículos de noticias, publicaciones en redes sociales y otros datos textuales para derivar indicadores de sentimientos.

Las implicaciones de analizar las noticias y el sentimiento del mercado para los comerciantes e inversores son significativas. Una de las principales ventajas es la gestión eficaz de riesgos. El conocimiento de los posibles acontecimientos que afectan al mercado y la comprensión de cómo las noticias pueden influir en el sentimiento permite a los operadores ajustar sus posiciones en consecuencia.
Además, analizar el sentimiento del mercado ayuda a cronometrar las entradas y salidas. Las noticias positivas pueden señalar puntos de entrada, mientras que las noticias negativas pueden indicar posibles salidas.

Comprender el sentimiento del mercado también puede ayudar a diversificar una cartera de criptomonedas. Los operadores pueden ajustar sus tenencias en función del sentimiento predominante para distribuir el riesgo entre diferentes activos.

Además, el análisis de sentimiento puede resultar beneficioso para las estrategias contrarias. Los comerciantes contrarios apuestan en contra del sentimiento predominante en el mercado, anticipando reversiones del mercado.

Sin embargo, existen desafíos y limitaciones para el análisis de sentimientos. La precisión es una preocupación primordial. Es posible que las herramientas de análisis de sentimientos no siempre capturan con precisión los matices expresados en las noticias y las redes sociales. Los prejuicios humanos y la jerga pueden afectar la precisión de estas herramientas.

Depender excesivamente del análisis de sentimiento sin considerar otros factores fundamentales y técnicos puede conducir a decisiones comerciales subóptimas.

Además, el mercado de las criptomonedas es vulnerable a las noticias falsas y la manipulación, lo que distorsiona el sentimiento del mercado y provoca movimientos de precios impredecibles.
En conclusión, analizar las noticias y el sentimiento del mercado es fundamental para el éxito del comercio de criptomonedas. Las noticias afectan significativamente el sentimiento de los inversores e influyen en los movimientos de precios. Comprender el sentimiento del mercado permite a los operadores tomar decisiones bien informadas, gestionar el riesgo de forma eficaz y optimizar sus estrategias comerciales. Los operadores

pueden obtener información valiosa sobre el sentimiento predominante en el mercado empleando herramientas de análisis de sentimiento, monitoreando las redes sociales y los medios de comunicación, e interactuando con comunidades de criptomonedas. Sin embargo, es esencial reconocer los desafíos y limitaciones del análisis de sentimientos y evitar una dependencia excesiva únicamente del sentimiento. Al incorporar el análisis de sentimiento junto con otros análisis fundamentales y técnicos, los operadores pueden desarrollar un enfoque integral para navegar con éxito en el dinámico y volátil mercado de las criptomonedas.

CAPÍTULO IV
Análisis Técnico

Introducción al análisis técnico en el comercio de criptomonedas

El mercado de las criptomonedas se ha convertido en un ámbito cautivador para los comerciantes que buscan oportunidades lucrativas. En medio de las rápidas fluctuaciones y volatilidad de los precios, el análisis técnico ha surgido como una potente herramienta para analizar datos históricos de precios y predecir posibles tendencias futuras de precios. El análisis técnico es un aspecto fundamental del comercio de criptomonedas, ya que ofrece información valiosa sobre la dinámica del mercado y ayuda a los operadores a tomar decisiones informadas. Esta sección presenta los principios del análisis técnico, explora herramientas clave y patrones de gráficos, analiza las implicaciones para los operadores y aborda las limitaciones y desafíos asociados con este enfoque.

En el centro del análisis técnico se encuentra el estudio de la acción del precio, analizando los movimientos históricos del precio de una criptomoneda para comprender su comportamiento y tendencias potenciales. Los comerciantes identifican patrones, tendencias y niveles cruciales de soporte y resistencia para identificar posibles oportunidades de compra o venta. El reconocimiento de las tendencias, ya sean alcistas (alcistas), bajistas (bajistas) o laterales (dentro de un rango), es vital para que los operadores alineen sus posiciones con la dirección predominante del mercado. Los niveles de soporte actúan como precios mínimos, donde surge el interés de compra, evitando una mayor caída de los precios. Por el contrario, los niveles de resistencia actúan como precios máximos, donde surge el interés de venta, deteniendo un mayor movimiento alcista. Estos niveles son críticos para determinar los posibles puntos de entrada y salida.

El análisis técnico emplea una amplia gama de indicadores y osciladores para complementar el análisis de precios. Estos incluyen promedios móviles, media móvil de convergencia y divergencia (MACD), índice de fuerza relativa (RSI) y bandas de Bollinger, entre otros. Los operadores utilizan estas herramientas para confirmar tendencias, detectar condiciones de sobrecompra o sobreventa e identificar posibles cambios de tendencia.

Los patrones de gráficos en el análisis técnico proporcionan información valiosa sobre el comportamiento del mercado. Los patrones de reversión indican cambios potenciales en la tendencia predominante, mientras que los patrones de continuación sugieren que es probable que la tendencia actual persiste después de una consolidación temporal. Los patrones de velas japonesas ofrecen pistas sobre la acción del precio dentro de períodos de tiempo específicos, proporcionando indicaciones de posibles reversiones o continuaciones en los movimientos de precios.

Los operadores pueden aplicar el análisis técnico a varios períodos de tiempo, desde operaciones intradiarias a corto plazo hasta inversiones a largo plazo. Los operadores a corto plazo se centran en minutos u horas para capitalizar las fluctuaciones de precios intradía, mientras que los operadores de swing utilizan marcos de tiempo intermedios para capturar las fluctuaciones de precios dentro de una tendencia existente. Los inversores a largo plazo analizan meses o años para identificar tendencias significativas y tomar decisiones basadas en el valor fundamental del activo y el crecimiento potencial.

Las implicaciones del análisis técnico para los comerciantes son sustanciales. Ayuda a identificar posibles puntos de entrada y salida del mercado, lo que permite a los operadores cronometrar sus operaciones de manera efectiva. Al reconocer las tendencias tempranamente, los operadores pueden capitalizar los movimientos de precios y alinear sus posiciones con la dirección predominante del mercado. El análisis técnico también ayuda a gestionar el riesgo al establecer niveles de limitación de pérdidas y obtención de beneficios basados en los niveles de precios potenciales y la dinámica del mercado. Además, puede complementar el análisis fundamental proporcionando información adicional sobre las tendencias de los precios y los posibles puntos de entrada o salida basados en patrones e indicadores de precios.

Sin embargo, el análisis técnico también tiene sus limitaciones y desafíos. Es algo subjetivo, ya que diferentes operadores pueden interpretar el mismo gráfico de manera diferente, lo que requiere habilidad y experiencia para tomar decisiones bien informadas. La naturaleza altamente volátil de los mercados de criptomonedas a veces puede invalidar las señales de análisis técnico, particularmente durante movimientos repentinos de precios. Además, las noticias inesperadas o las manipulaciones del mercado pueden alterar los patrones y tendencias del análisis técnico, lo que genera movimientos de precios impredecibles.

En conclusión, el análisis técnico es una herramienta fundamental en el comercio de criptomonedas, ya que proporciona información valiosa sobre los datos históricos de precios y las posibles tendencias futuras de los precios. El estudio de la acción del precio, las tendencias, el soporte y la resistencia, y la aplicación de indicadores forman los principios básicos del análisis técnico. Los patrones de gráficos y de velas ofrecen pistas esenciales sobre posibles cambios o continuaciones de tendencias. Los operadores pueden aplicar análisis técnicos a varios períodos de tiempo para adaptarse a sus estrategias comerciales y tolerancia al riesgo. El análisis técnico permite a los operadores tomar decisiones bien informadas en el dinámico y altamente volátil mercado de las criptomonedas al identificar los puntos de entrada y salida del mercado, reconocer las tendencias y gestionar el riesgo de manera efectiva. Sin embargo, los comerciantes también deben reconocer las limitaciones y desafíos del análisis técnico, como la subjetividad y el impacto de los eventos externos. Al combinar el análisis técnico con otras formas de análisis y prácticas de gestión de riesgos, los operadores pueden desarrollar un enfoque integral para navegar con éxito en el mercado de las criptomonedas.

Indicadores técnicos clave y cómo utilizarlos

El análisis técnico es un aspecto crítico del comercio de criptomonedas, ya que permite a los operadores tomar decisiones informadas mediante el estudio de datos históricos de precios e identificando tendencias potenciales. Los indicadores técnicos juegan un papel importante entre las diversas herramientas y técnicas utilizadas en el análisis técnico. Estos indicadores son cálculos matemáticos basados en datos históricos de precios y volúmenes que ayudan a los operadores a detectar tendencias, evaluar el impulso del mercado e identificar posibles puntos de entrada y salida. Esta sección presenta algunos indicadores técnicos clave utilizados en el comercio de criptomonedas y cómo los operadores pueden incorporarlos de manera efectiva en sus estrategias comerciales.

Los promedios móviles se emplean con frecuencia en el análisis técnico para mejorar los datos de precios e identificar tendencias durante un período de tiempo predeterminado. Las medias móviles simples (SMA) y las medias móviles exponenciales (EMA) son dos variedades populares de medias móviles. Mientras que la EMA prioriza los puntos de datos recientes, la SMA calcula el precio promedio durante un número predeterminado de períodos. Los operadores utilizan promedios móviles para identificar direcciones de tendencias y posibles niveles de soporte y resistencia. Los cruces de diferentes promedios móviles pueden indicar cambios de tendencia, con cruces alcistas que ocurren cuando un promedio móvil de corto plazo cruza por encima de un promedio móvil de más largo plazo, y viceversa para cruces bajistas.

El índice de fuerza relativa (RSI), un oscilador que mide qué tan rápida y dramáticamente cambian los movimientos de precios, es otro indicador muy apreciado. Fluctúa entre 0 y 100, con lecturas superiores a 70 que indican condiciones de sobrecompra y por debajo de 30 que indican condiciones de sobreventa. Los operadores utilizan el RSI para identificar posibles niveles de sobrecompra y sobreventa, lo que indica posibles cambios de tendencia. Cuando las lecturas del RSI divergen de la tendencia de los precios (es decir, divergencia alcista o divergencia bajista), pueden proporcionar señales tempranas de posibles cambios de tendencia.

Otro oscilador popular en el análisis técnico es la media móvil de convergencia y divergencia (MACD). La línea MACD y la línea de Señal son sus dos líneas. La línea MACD es la diferencia entre dos EMA, mientras que la línea de señal es una EMA de la línea MACD. Los operadores utilizan cruces MACD, donde la línea MACD cruza por encima o por debajo de la línea de señal, para identificar posibles cambios de tendencia y generar señales de compra o venta.

Las Bandas de Bollinger son útiles para identificar posibles rupturas de precios y condiciones de sobrecompra o sobreventa. Consisten en tres líneas: la banda media (SMA) y dos bandas exteriores que representan las desviaciones estándar de la banda media. El ancho de las Bandas de Bollinger se expande durante períodos de mayor volatilidad y se contrae durante períodos de baja volatilidad. Los operadores prestan atención a los movimientos de precios cerca de las bandas exteriores, lo que puede indicar posibles puntos de reversión.

El oscilador estocástico compara el precio de cierre de una criptomoneda con su rango de precios durante un período determinado. Oscila entre 0 y 100 y proporciona información sobre posibles condiciones de sobrecompra y sobreventa. Los operadores utilizan el oscilador estocástico para identificar posibles cambios de tendencia cuando genera cruces alcistas o bajistas.

Los niveles de retroceso de Fibonacci son líneas horizontales que indican niveles potenciales de soporte y resistencia basados en índices clave de Fibonacci. Los comerciantes utilizan estos niveles para identificar posibles puntos de reversión de precios o áreas de interés para comprar o vender. Los niveles de retroceso de Fibonacci se obtienen a partir de importantes oscilaciones de precios, lo que ayuda a los operadores a evaluar posibles niveles de corrección.

Ichimoku Cloud es un indicador completo que proporciona información sobre tendencias, niveles de soporte y resistencia, y posibles movimientos futuros de precios. Consta de cinco líneas: Tenkan-sen, Kijun-sen, Senkou Span A, Senkou Span B y Chikou Span. Los comerciantes utilizan la nube Ichimoku para identificar posibles puntos de entrada y salida en función de las interacciones entre estas líneas y la nube formada por Senkou Span A y Senkou Span B.

Para utilizar eficazmente los indicadores técnicos en el comercio de criptomonedas, los operadores deben considerar varios factores. Identificar tendencias es crucial y los promedios móviles, MACD e Ichimoku Cloud son herramientas efectivas para este propósito. Los operadores pueden observar los cruces de medias móviles o analizar el posicionamiento de la línea MACD y la línea de señal para medir la fuerza y la dirección de las tendencias. El impulso y los osciladores como el RSI y los osciladores estocásticos ayudan a los operadores a evaluar el impulso del mercado e identificar posibles condiciones de sobrecompra o sobreventa, proporcionando señales tempranas de cambios de tendencia.

Los niveles de soporte y resistencia son cruciales para establecer niveles de stop-loss y take-profit, y las bandas de Bollinger y los niveles de retroceso de Fibonacci son herramientas eficaces para este propósito. Los operadores pueden utilizar estos niveles para identificar posibles puntos de revisión de precios y áreas de interés para comprar o vender. Además, los indicadores técnicos se pueden utilizar junto con patrones gráficos, como cabeza y hombros o doble techo, para confirmar posibles cambios de tendencia o señales de continuación.

Si bien los indicadores técnicos son herramientas invaluables, también tienen limitaciones y desafíos. Los operadores deben tener cuidado con las señales falsas, especialmente en mercados de criptomonedas altamente volátiles. Además, la interpretación de los indicadores técnicos puede ser subjetiva, lo que lleva a decisiones comerciales variadas. Además, es posible que los indicadores técnicos no funcionen eficazmente durante períodos de baja liquidez o cuando noticias importantes influyen en los mercados.

En conclusión, los indicadores técnicos clave desempeñan un papel importante en el comercio de criptomonedas, ya que brindan información sobre las tendencias de los precios, el impulso y los posibles puntos de entrada y salida. Los operadores pueden utilizar promedios móviles, RSI, MACD, bandas de Bollinger, oscilador estocástico, niveles de retroceso de Fibonacci y la nube Ichimoku para analizar los datos de precios de manera efectiva. Al identificar tendencias, impulso y niveles de soporte y resistencia, los operadores pueden tomar decisiones bien informadas y gestionar el riesgo de manera más eficaz.

Sin embargo, los operadores deben ser conscientes de las limitaciones y desafíos de los indicadores técnicos, actuar con cautela y combinar el análisis técnico con otras formas de análisis para desarrollar una estrategia comercial integral y sólida.

Patrones de gráficos y su importancia

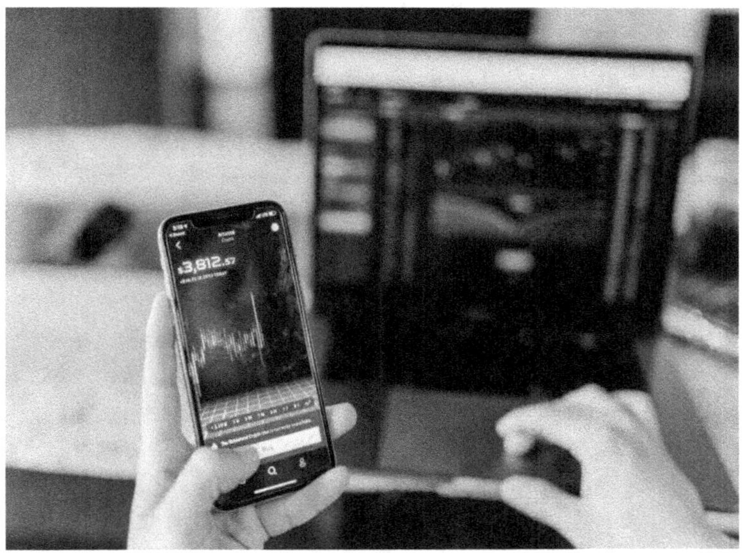

Los patrones de gráficos son un aspecto fundamental del análisis técnico en el comercio de criptomonedas, ya que permiten a los operadores descifrar las tendencias del mercado y tomar decisiones bien informadas. Estas representaciones visuales de datos históricos de precios brindan información valiosa sobre el comportamiento de las criptomonedas y pueden indicar posibles movimientos futuros de precios. Esta sección profundiza en la importancia de los patrones gráficos en el comercio de criptomonedas, explorando varios tipos de patrones, sus interpretaciones e implicaciones para los operadores.

Los patrones gráficos son formaciones que surgen de los movimientos de precios de las criptomonedas a lo largo del tiempo. Estos patrones aparecen en los gráficos de precios y reflejan el sentimiento colectivo y las acciones de los traders en el mercado. Al estudiar estos patrones, los operadores pueden identificar tendencias potenciales, cambios de tendencia y fases de consolidación.

Los patrones de inversión son cruciales para identificar posibles cambios de tendencia entre los distintos tipos de patrones gráficos. Tres picos forman el patrón Cabeza y hombros, siendo el pico central (la cabeza) el más alto y flanqueado por dos picos más pequeños (los hombros). Este patrón sugiere que la tendencia puede estar cambiando de alcista a bajista. El patrón de cabeza y hombros inverso, por otro lado, es exactamente lo opuesto al patrón de cabeza y hombros y sugiere que la tendencia puede estar cambiando de bajista a alcista. Los patrones de inversión también incluyen patrones de doble techo y doble fondo. Los dobles techos están formados por dos picos de alturas similares, lo que indica un posible cambio de tendencia a bajista. Los dobles suelos, por el contrario, consisten en dos mínimos de profundidad similar, lo que indica un posible cambio de tendencia alcista.

Por otro lado, los patrones de continuación sugieren que el mercado está haciendo una breve pausa antes de continuar en la dirección de la tendencia anterior. Después de un cambio brusco de precio, se producen patrones de continuación a corto plazo llamados banderas y banderines. Una forma rectangular caracteriza a las banderas, mientras que los banderines forman patrones triangulares. Estos patrones indican que es probable que el mercado continúe su tendencia anterior después de la fase de consolidación. Los triángulos forman patrones de consolidación cuando el precio fluctúa entre líneas de tendencia convergentes. Pueden ser simétricos, ascendentes o descendentes, lo que indica una posible continuación de la tendencia anterior tras una ruptura.

La interpretación de los patrones gráficos tiene implicaciones importantes para los operadores. En primer lugar, los patrones gráficos pueden confirmar las tendencias existentes en el mercado de las criptomonedas. Por ejemplo, un triángulo ascendente que se forma durante una tendencia alcista podría indicar una posible continuación de la tendencia alcista si el precio supera la línea de tendencia superior. Por otro lado, un triángulo descendente que se forma durante una tendencia bajista podría indicar una posible continuación de la tendencia bajista si el precio cae por debajo de la línea de tendencia inferior.

Además, los patrones gráficos son esenciales para identificar posibles cambios de tendencia. Un patrón de cabeza y hombros que se forma al final de una tendencia alcista podría indicar un cambio de tendencia a bajista, mientras que un patrón de cabeza y hombros inverso al final de una tendencia bajista puede indicar un cambio de tendencia a alcista. Los operadores pueden utilizar estos patrones de reversión para ajustar sus posiciones y capitalizar posibles cambios de tendencia.

Además, los patrones gráficos son fundamentales para identificar posibles puntos de entrada y ruptura. Una ruptura ocurre cuando el precio rompe por encima o por debajo de las líneas de tendencia de un patrón. Los operadores suelen abrir posiciones después de una ruptura confirmada, con el objetivo de capitalizar el movimiento posterior del precio en la dirección de la ruptura. Por ejemplo, si el precio de una criptomoneda supera el nivel de resistencia de un patrón de bandera alcista, puede indicar una posible continuación de la tendencia alcista, lo que incitará a los operadores a entrar en posiciones largas.

La importancia de los patrones gráficos se extiende más allá de las entradas y salidas temporales. Los comerciantes también utilizan patrones gráficos como parte de su estrategia de gestión de riesgos. Al identificar posibles niveles de soporte y resistencia a través de patrones gráficos, los operadores pueden establecer niveles apropiados de limitación de pérdidas y toma de ganancias para proteger su capital y asegurar ganancias. Sin embargo, es esencial reconocer los desafíos y limitaciones asociados con los patrones gráficos. La interpretación de los patrones de los gráficos puede ser subjetiva y diferentes operadores pueden identificar los patrones de manera diferente. Esta subjetividad puede llevar a diferentes decisiones comerciales basadas en perspectivas individuales.

Además, los operadores deben tener cuidado con las falsas rupturas, que ocurren cuando el precio rompe brevemente por encima o por debajo de una línea de tendencia pero rápidamente se revierte dentro del patrón. Las falsas rupturas pueden generar pérdidas si no se identifican correctamente, lo que enfatiza la importancia de confirmar las señales de ruptura con otros indicadores y análisis técnicos.

En conclusión, los patrones gráficos son importantes en el comercio de criptomonedas y ofrecen información valiosa sobre las tendencias del mercado y los posibles movimientos de precios. Los operadores utilizan estas formaciones visuales para confirmar tendencias, identificar posibles cambios de tendencia y cronometrar eficazmente sus entradas y salidas. Los patrones de inversión, como Cabeza y hombros, Doble techo y Doble suelo, indican posibles cambios de tendencia, mientras que los patrones de continuación, como Banderas, Banderines y Triángulos, sugieren pausas temporales en la tendencia predominante. Para crear una estrategia comercial exhaustiva, los operadores deben tener en cuenta la importancia de los patrones de los gráficos, además de otros indicadores técnicos y técnicas de gestión de riesgos. Si bien la subjetividad y las rupturas falsas plantean desafíos, los patrones gráficos siguen siendo una herramienta vital en el arsenal de los operadores de criptomonedas, permitiéndoles navegar en el mercado dinámico y volátil con mayor confianza y precisión.

CAPÍTULO V
Desarrollo de una estrategia comercial eficaz

Comercio a corto plazo frente a largo plazo: pros y contras

El comercio de criptomonedas se ha convertido en una vía cautivadora para los inversores que buscan oportunidades lucrativas en el dinámico y en constante evolución del mercado de activos digitales. Entre los diversos enfoques comerciales, las estrategias comerciales a corto y largo plazo se destacan como dos metodologías destacadas. Cada método tiene distintas ventajas y desventajas, y se adapta a diferentes tolerancias de riesgo y objetivos de inversión. Esta sección explora los pros y los contras del comercio a corto y largo plazo en los mercados de criptomonedas, brindando información para ayudar a los operadores a tomar decisiones informadas que se alineen con sus objetivos individuales.

La negociación a corto plazo, a menudo llamada negociación intra diaria o interdiaria, implica mantener posiciones durante un período corto, que va desde unos pocos minutos hasta varias horas. Los comerciantes que adoptan esta estrategia buscan beneficiarse de las fluctuaciones de precios intradía y capitalizar los pequeños movimientos de precios. El comercio a corto plazo permite a los operadores obtener ganancias rápidas aprovechando pequeños movimientos de precios dentro de una sola sesión de comercio. Los mercados de criptomonedas son muy líquidos, lo que facilita a los operadores a corto plazo entrar y salir de posiciones rápidamente. Además, los operadores a corto plazo están menos expuestos a posibles riesgos de mercado nocturnos o noticias inesperadas, ya que cierran sus posiciones antes del final del día de negociación. Además, el comercio a corto plazo brinda más oportunidades de ganancias, ya que los operadores pueden ejecutar múltiples operaciones a lo largo del día.

Sin embargo, el comercio a corto plazo también presenta sus desafíos. El comercio frecuente puede generar costos de transacción más altos debido a múltiples transacciones y tarifas. El seguimiento constante del mercado y la rápida toma de decisiones hacen que las operaciones a corto plazo consuman mucho tiempo para los traders. Además, las operaciones a corto plazo son más susceptibles a la volatilidad de los precios, y pequeñas fluctuaciones de precios pueden generar ganancias o pérdidas sustanciales. El rápido ritmo de las operaciones a corto plazo puede provocar estrés emocional y presión sobre los operadores, lo que lleva a decisiones apresuradas y posibles pérdidas.

El comercio a largo plazo, también conocido como holding o comercio de posiciones, implica mantener posiciones durante un período prolongado, que va desde semanas hasta años. Los operadores a largo plazo creen en el valor fundamental y el potencial de crecimiento de las criptomonedas y buscan beneficiarse de la apreciación del activo a lo largo del tiempo. El comercio a largo plazo permite a los operadores ejecutar menos operaciones, lo que reduce los costos y tarifas de transacción. También es menos agotador emocionalmente, ya que los operadores no necesitan monitorear el mercado constantemente. Los traders a largo plazo se centran en el valor fundamental y el crecimiento potencial de las criptomonedas, lo que puede generar ganancias significativas con el tiempo. Las operaciones exitosas a largo plazo pueden generar retornos sustanciales a medida que la criptomoneda se revaloriza.

Sin embargo, el comercio a largo plazo también tiene sus inconvenientes. Los operadores a largo plazo deben esperar un período prolongado para obtener sus ganancias, lo que puede no ser adecuado para los operadores que buscan ganancias rápidas. Además, los operadores a largo plazo están expuestos a posibles riesgos de mercado y noticias que podrían afectar el valor de la criptomoneda. Además, los operadores a largo plazo tienen menos oportunidades comerciales en comparación con los operadores a corto plazo, que pueden ejecutar múltiples operaciones en un solo día. El comercio a largo plazo requiere paciencia y disciplina, ya que los operadores deben resistir la tentación de vender durante las fluctuaciones de precios a corto plazo.

La elección entre operaciones a corto y largo plazo depende de varios factores, incluida la tolerancia al riesgo, la disponibilidad de tiempo, los objetivos de inversión y las perspectivas del mercado. Los operadores deben considerar cuidadosamente estos factores antes de decidir su enfoque comercial preferido. Para los operadores con alta tolerancia al riesgo, disponibilidad de tiempo y un profundo conocimiento de la dinámica del mercado, el comercio a corto plazo puede ofrecer oportunidades para obtener ganancias rápidas. Sin embargo, el comercio a corto plazo requiere una fuerte disciplina emocional y gestión de riesgos para navegar con éxito la volatilidad inherente de los mercados de criptomonedas.

Por otro lado, el comercio a largo plazo es adecuado para inversores que buscan mantener criptomonedas durante períodos prolongados y capitalizar el crecimiento potencial a largo plazo. Los operadores a largo plazo se centran en los fundamentos subyacentes del activo y están menos preocupados por las fluctuaciones de precios a corto plazo. Este enfoque requiere paciencia, una perspectiva de inversión a largo plazo y la capacidad de resistir posibles caídas del mercado.

Muchos comerciantes adoptan un enfoque híbrido combinando estrategias comerciales a corto y largo plazo. Esto permite a los operadores beneficiarse tanto de oportunidades de ganancias rápidas a corto plazo como de un crecimiento potencial a largo plazo en sus carteras de inversión. Por ejemplo, un comerciante puede asignar una parte de sus fondos para operaciones a corto plazo, buscando beneficiarse de los movimientos de precios intradía. Al mismo tiempo, pueden mantener una parte importante de su cartera en posiciones a largo plazo, creyendo en el potencial a largo plazo de determinadas criptomonedas.

En conclusión, el comercio a corto y largo plazo son dos enfoques distintos en el comercio de criptomonedas, cada uno con su propio conjunto de ventajas y desventajas. El comercio a corto plazo ofrece un potencial de ganancias rápido, pero conlleva mayores costos de transacción, mayor riesgo y estrés emocional. Por otro lado, el comercio a largo plazo permite a los operadores capitalizar el crecimiento potencial a largo plazo y reduce el estrés emocional, pero requiere paciencia y una perspectiva de inversión a largo plazo. La elección entre operaciones a corto y largo plazo depende de las preferencias individuales, la tolerancia al riesgo y los objetivos de inversión. Algunos traders pueden elegir un enfoque u otro, mientras que otros pueden adoptar una combinación de ambas estrategias. Independientemente del enfoque elegido, los operadores deben adherirse a sólidas prácticas de gestión de riesgos y mantener una mentalidad comercial disciplinada para navegar con éxito en el dinámico y volátil mercado de las criptomonedas.

Gestión de riesgos y establecimiento de objetivos comerciales

El comercio de criptomonedas se ha convertido en una oportunidad prometedora y emocionante para que los inversores participen en el dinámico mercado de activos digitales. Sin embargo, la volatilidad y la imprevisibilidad de las criptomonedas pueden generar riesgos importantes para los comerciantes. Una gestión de riesgos eficaz y objetivos comerciales claros son esenciales para el éxito del comercio de criptomonedas. Esta sección profundiza en la importancia de la gestión de riesgos y el establecimiento de objetivos en el comercio
de criptomonedas, explorando estrategias para mitigar los riesgos y lograr objetivos comerciales.

Para identificar, evaluar y mitigar los riesgos potenciales relacionados con las actividades comerciales, la gestión de riesgos es una técnica esencial. En el contexto del comercio de criptomonedas, las estrategias de gestión de riesgos son cruciales para proteger el capital, preservar las ganancias y garantizar la longevidad de la cartera de un comerciante.

Los mercados de criptomonedas son conocidos por sus altos niveles de volatilidad e incertidumbre del mercado. Los precios pueden experimentar fluctuaciones significativas en períodos cortos, lo que hace que sea fundamental para los operadores gestionar su exposición al riesgo de forma eficaz. Proteger el capital es un objetivo principal en el comercio. Las prácticas eficaces de gestión de riesgos ayudan a los operadores a evitar pérdidas catastróficas que pueden afectar significativamente su capital comercial. Además, la gestión de riesgos ayuda a los operadores a mantener la disciplina emocional y reducir el estrés asociado con el comercio. Al establecer parámetros de riesgo claros, los operadores pueden evitar decisiones impulsivas impulsadas por las emociones.

Varias estrategias de gestión de riesgos son fundamentales en el comercio de criptomonedas. El tamaño de la posición implica determinar la cantidad de capital asignado a cada operación en función de la tolerancia al riesgo del operador y el tamaño general de la cartera. Los operadores normalmente arriesgan sólo un pequeño porcentaje de su capital comercial en una sola operación, lo que a menudo se denomina "riesgo por operación". Las órdenes de limitación de pérdidas son herramientas esenciales de gestión de riesgos que activan automáticamente la venta de un activo cuando su precio alcanza un nivel predeterminado. Esto ayuda a limitar las pérdidas potenciales en el comercio y evita que las emociones dicten las decisiones comerciales.

Diversificar una cartera comercial implica distribuir las inversiones entre diferentes criptomonedas y clases de activos. La diversificación ayuda a reducir el impacto de los movimientos adversos de precios en cualquier activo y contribuye a la reducción general del riesgo. Evaluar la relación riesgo-recompensa de una operación es crucial para la gestión de riesgos. Los comerciantes evalúan el beneficio potencial en relación con la pérdida potencial antes de iniciar una operación. Una relación riesgo-recompensa positiva garantiza que las ganancias potenciales superen las pérdidas potenciales. Si bien el apalancamiento puede amplificar las ganancias, también magnifica las pérdidas. Los operadores deben tener cuidado al utilizar el apalancamiento y evitar una exposición excesiva que podría acabar con su capital.

Además de la gestión de riesgos, establecer objetivos comerciales claros y alcanzables es esencial para guiar las acciones y la toma de decisiones de un comerciante. Los objetivos pueden incluir lograr un porcentaje de rendimiento específico, dominar una estrategia comercial o aumentar el tamaño de la cuenta comercial. Los comerciantes deben establecer objetivos tanto a largo como a corto plazo. Las metas a largo plazo brindan un sentido de dirección y propósito, mientras que las metas a corto plazo ayudan a seguir el progreso y mantener la motivación.

Los objetivos comerciales deben ser realistas y mensurables. Los objetivos mensurables permiten a los operadores monitorear su desempeño y realizar los ajustes necesarios, mientras que los objetivos inalcanzables pueden causar decepción y frustración. El establecimiento de objetivos comerciales debe alinearse con la tolerancia al riesgo y el estilo comercial del comerciante. Algunos operadores pueden sentirse cómodos con un mayor riesgo y buscar un crecimiento agresivo, mientras que otros pueden priorizar la preservación del capital y optar por estrategias más conservadoras.

El comercio implica un delicado equilibrio entre riesgo y recompensa. Los comerciantes deben evaluar los riesgos potenciales antes de iniciar una operación y evaluar la recompensa potencial en relación con el nivel de riesgo asumido. Gestionar las reducciones es crucial para preservar el capital y mantener la resiliencia psicológica durante condiciones de mercado desafiantes.

La disciplina es la piedra angular de una gestión eficaz del riesgo. Seguir un plan comercial predeterminado, cumplir con los parámetros de riesgo y tener paciencia son esenciales para operar con éxito. Emociones como el miedo y la codicia pueden nublar el juicio de un comerciante y llevarlo a decisiones impulsivas. El comercio impulsado por las emociones puede resultar en pérdidas significativas y obstaculizar el logro de los objetivos comerciales.

En conclusión, la gestión de riesgos y el establecimiento de objetivos comerciales claros son componentes vitales para el éxito del comercio de criptomonedas. La naturaleza volátil e incierta de los mercados de criptomonedas exige un enfoque disciplinado para proteger el capital y lograr objetivos comerciales. La implementación de estrategias de gestión de riesgos, como el tamaño de las posiciones, las órdenes de limitación de pérdidas, la diversificación, la evaluación de riesgos y recompensas y el uso prudente del apalancamiento, ayuda a los operadores a mitigar los riesgos potenciales.

Establecer objetivos comerciales les da a los operadores un sentido de dirección y propósito, guiando sus acciones y toma de decisiones. Los objetivos deben ser realistas, mensurables y alineados con la tolerancia al riesgo y el estilo comercial del comerciante. Equilibrar el riesgo y la recompensa es esencial en el comercio, y gestionar las reducciones es crucial para preservar el capital durante las difíciles condiciones del mercado.

La disciplina y el control emocional desempeñan un papel importante en la gestión de riesgos, ayudando a los operadores a cumplir con sus planes comerciales y evitar decisiones impulsivas impulsadas por las emociones. Al adoptar prácticas efectivas de gestión de riesgos y establecer objetivos comerciales claros, los operadores de criptomonedas pueden navegar por el panorama dinámico del mercado con mayor confianza y resiliencia, posicionándose para el éxito a largo plazo en el mundo del comercio de activos digitales.

Crear un plan comercial

El comercio de criptomonedas se ha convertido en una empresa dinámica y potencialmente lucrativa para los inversores que buscan oportunidades en el mercado de activos digitales. Sin embargo, la naturaleza vertiginosa y volátil de las criptomonedas exige un enfoque estructurado y disciplinado. Crear un plan comercial integral es crucial para que los operadores superen con éxito los desafíos del comercio de criptomonedas. Esta sección profundiza en la importancia de un plan comercial en el comercio de criptomonedas, describiendo los componentes y estrategias esenciales para desarrollar un plan bien definido y eficaz.

Un plan comercial sirve como hoja de ruta que guía el proceso de toma de decisiones de un comerciante. Describe los objetivos, la tolerancia al riesgo y las estrategias del comerciante, proporcionando un marco claro para ejecutar operaciones. Emociones como el miedo y la codicia pueden nublar el juicio de un comerciante y llevarlo a decisiones impulsivas. Un plan comercial ayuda a los operadores a mantener la disciplina emocional al proporcionar reglas y pautas predefinidas. Un plan comercial bien estructurado también incorpora
estrategias de gestión de riesgos para proteger el capital y minimizar las pérdidas, especialmente en el mercado de criptomonedas altamente volátil. La coherencia es clave para una negociación exitosa, y seguir un plan comercial fomenta la coherencia en las decisiones y acciones comerciales.

Para crear un plan comercial sólido, se deben considerar varios componentes. Establecer objetivos comerciales claros y alcanzables es la base de un plan comercial. Las metas pueden incluir objetivos de ganancias, relaciones riesgo-recompensa y objetivos de rendimiento anual. Evaluar la tolerancia al riesgo es esencial para determinar el nivel de riesgo con el que un operador se siente cómodo, lo que influye en el tamaño de la posición y la gestión general del riesgo.

Definir los plazos y el estilo de negociación ayuda a los operadores a identificar oportunidades adecuadas y alinear sus actividades comerciales con su estilo de vida y preferencias. Identificar las criptomonedas o activos digitales para negociar es un aspecto importante de un plan comercial. Los operadores deben centrarse en activos que se alineen con sus objetivos comerciales y tengan suficiente liquidez. El tamaño de la posición implica determinar la cantidad de capital que se asignará a cada operación en función de la tolerancia al riesgo y el tamaño general de la cartera. Este aspecto del plan ayuda a gestionar la exposición al riesgo de forma eficaz.

Establecer estrategias claras de entrada y salida ayuda a los operadores a ejecutar operaciones con confianza. Los operadores deben definir indicadores técnicos o fundamentales específicos que señalen los puntos de entrada y salida. La incorporación de niveles de stop-loss y take-profit es crucial para la gestión de riesgos. Estos niveles protegen a los comerciantes de pérdidas significativas y aseguran ganancias cuando se alcanzan los objetivos de precios. Además, un plan de negociación debe incluir reglas específicas de gestión de riesgos, como el porcentaje máximo de capital arriesgado por operación y directrices para ajustar los parámetros de riesgo en diferentes condiciones de mercado.

Antes de implementar un plan comercial en el mercado real, los operadores deben probar sus estrategias utilizando datos históricos. El backtesting ayuda a evaluar la eficacia del plan e identificar posibles debilidades. Según los resultados de las pruebas retrospectivas, los operadores pueden optimizar su plan comercial ajustando las estrategias de entrada y salida y las reglas de gestión de riesgos. La mejora continua es esencial para adaptarse a las condiciones cambiantes del mercado.

La preparación psicológica es crucial para mantener la disciplina emocional durante períodos de turbulencia en el mercado. Los comerciantes deben desarrollar planes de contingencia para diversos escenarios del mercado para evitar decisiones impulsivas en tiempos de incertidumbre. Llevar un diario de operaciones es beneficioso para analizar operaciones pasadas e identificar áreas de mejora. Llevar un diario ayuda a los operadores a aprender tanto de las operaciones exitosas como de las no exitosas.

Revisar el plan comercial garantiza que permanezca alineado con los objetivos y la tolerancia al riesgo. Es posible que sean necesarios ajustes a medida que cambien las condiciones del mercado. Antes de operar con capital real, los operadores pueden implementar su plan comercial en una cuenta de demostración para ganar confianza y perfeccionar sus estrategias. Es prudente comenzar con una pequeña porción de su capital y aumentar gradualmente el tamaño de las posiciones a medida que adquieran experiencia y confianza en su plan. En conclusión, crear un plan comercial integral es vital para el éxito del comercio de criptomonedas. Un plan comercial proporciona una hoja de ruta para la toma de decisiones, la disciplina emocional y la gestión de riesgos en el mercado de criptomonedas altamente volátil. Los componentes esenciales de un plan comercial incluyen objetivos comerciales claros, evaluación de la tolerancia al riesgo, plazos y estilo de negociación, selección de activos, tamaño de posición, estrategias de entrada y salida, niveles de limitación de pérdidas y obtención de ganancias, y reglas de gestión de riesgos.

Las pruebas retrospectivas y la optimización ayudan a los operadores a evaluar la eficacia de su plan y afinar sus estrategias. La preparación psicológica y el seguimiento regular del plan son cruciales para mantener la disciplina emocional y realizar los ajustes necesarios. Al implementar un plan comercial bien definido, los operadores de criptomonedas pueden afrontar los desafíos del mercado con mayor confianza y disciplina, posicionándose para el éxito a largo plazo en el mundo en constante evolución del comercio de activos digitales.

CAPÍTULO VI
Estrategias comerciales comunes

Estrategias de negociación intradía para criptomonedas

El comercio de criptomonedas ha sido testigo del aumento del comercio intradía como un enfoque popular, que atrae tanto a comerciantes experimentados como a recién llegados que buscan capitalizar los rápidos movimientos de precios de los activos digitales. El comercio intradía implica ejecutar múltiples operaciones dentro de un solo día de negociación, aprovechando principalmente las fluctuaciones de precios a corto plazo. Esta sección profundiza en varias estrategias de negociación intradía que los comerciantes emplean en criptomonedas, destacando sus características, beneficios y riesgos clave.

El comercio intradía es un enfoque a corto plazo en el que los operadores compran y venden criptomonedas el mismo día. El objetivo de esta estrategia es aprovechar los cambios de precios intradía, permitiendo a los operadores entrar y salir rápidamente de posiciones para beneficiarse de pequeñas diferencias de precios. Un aspecto esencial de la negociación intradía es evitar mantener posiciones durante la noche, lo que ayuda a minimizar la exposición a posibles riesgos de mercado y eventos noticiosos durante la noche.

Las características clave de las estrategias de negociación intradía incluyen operaciones de alta frecuencia, dependencia del análisis técnico, uso potencial del apalancamiento y un fuerte énfasis en la gestión de riesgos. El comercio de alta frecuencia caracteriza el comercio intradía, en el que los operadores ejecutan numerosas operaciones a lo largo del día para aprovechar múltiples oportunidades. El análisis técnico juega un papel importante en el trading day, ya que los operadores analizan los gráficos de precios y utilizan varios indicadores técnicos para identificar los puntos de entrada y salida. Algunos comerciantes diarios pueden utilizar el apalancamiento para amplificar sus posiciones comerciales, lo que podría aumentar las ganancias. Sin embargo, el apalancamiento también magnifica las pérdidas, lo que hace que la gestión de riesgos sea crucial en el trading intradía.

Una de las estrategias comunes de negociación intradía para criptomonedas es el seguimiento de tendencias. Los operadores que emplean esta estrategia identifican y siguen la tendencia predominante del mercado, ingresando posiciones largas durante las tendencias alcistas y posiciones cortas durante las tendencias bajistas, con el objetivo de seguir la tendencia hasta que se revierta. El comercio de rango es otra estrategia popular, donde los operadores identifican niveles de soporte y resistencia bien definidos en los gráficos de precios. Aprovechan las fluctuaciones de precios dentro del rango comprando en niveles de soporte y vendiendo en niveles de resistencia.

El comercio de ruptura identifica niveles clave donde el precio sale de un rango de negociación o consolida un patrón. Los operadores ingresan posiciones cuando el precio supera la resistencia o cae por debajo del soporte, anticipando un fuerte impulso. El especulación es una estrategia de negociación intradía de alta frecuencia en la que los operadores ejecutan múltiples operaciones rápidas para beneficiarse de pequeños movimientos de precios. Los revendedores apuntan a ganancias mínimas por operación, pero dependen del volumen para lograr ganancias significativas. Por el contrario, el trading contrario implica tomar posiciones en contra del sentimiento prevaleciente en el mercado. Los comerciantes compran cuando otros venden y venden cuando otros compran, con el objetivo de beneficiarse de posibles reversiones del mercado.

Las ventajas de las estrategias de negociación intradía incluyen el potencial de obtener ganancias rápidas, la reducción del riesgo a un día debido a que no se mantienen posiciones durante el día y la evitación de tarifas de financiación a un día. Sin embargo, el trading intradía también conlleva una buena cantidad de riesgos y desafíos. La alta volatilidad del mercado de criptomonedas puede provocar rápidas fluctuaciones de precios, lo que resultará en posibles ganancias o pérdidas para los traders intradía. La naturaleza acelerada del comercio intradía puede ser emocionalmente exigente y el comercio frecuente puede generar mayores costos de transacción.

La gestión eficaz del riesgo es esencial en el comercio intradía para mitigar pérdidas potenciales. Los operadores suelen utilizar órdenes de limitación de pérdidas para limitar las pérdidas en una operación y determinar los tamaños de posición adecuados en función de su tolerancia al riesgo y el tamaño general de la cartera. Además, la disciplina psicológica es crucial en el trading intradía para gestionar emociones como el miedo y la codicia, evitar decisiones impulsivas y mantener un enfoque disciplinado en la ejecución de las operaciones.

En conclusión, las estrategias de negociación intradía han ganado popularidad en el mercado de las criptomonedas debido a su potencial para obtener ganancias rápidas a partir de los movimientos de precios intradía. Varios enfoques de negociación intradía, como el seguimiento de tendencias, la negociación de rango, la negociación de ruptura, la especulación y la negociación contraria, ofrecen a los operadores diferentes oportunidades para obtener ganancias en el dinámico mercado de activos digitales. Sin embargo, el trading intradía conlleva riesgos inherentes, como alta volatilidad y estrés emocional. El éxito del trading intradía en criptomonedas requiere una combinación de experiencia técnica, habilidades de gestión de riesgos y resiliencia psicológica. Al adoptar estrategias efectivas y prácticas disciplinadas, los operadores intradía de criptomonedas pueden navegar con confianza en el mercado y posicionarse para obtener una rentabilidad potencial en el mundo en constante evolución del comercio de activos digitales.

Estrategias de swing trading para criptomonedas

El swing trading se ha convertido en un enfoque comercial popular en el mercado de las criptomonedas, que atrae a comerciantes que buscan capitalizar los movimientos de precios a mediano plazo de los activos digitales. A diferencia del day trading, el swing trading implica mantener posiciones durante varios días o semanas, aprovechando las oscilaciones de precios dentro de las tendencias establecidas. Esta sección profundiza en varias estrategias de swing trading empleadas por los traders en el mercado de las criptomonedas, describiendo sus características, ventajas y riesgos clave.

Una estrategia comercial a mediano plazo llamada swing trading busca obtener ganancias de las oscilaciones de precios o "oscilaciones" dentro de la tendencia general del movimiento de precios de una criptomoneda. Los traders analizan factores técnicos y fundamentales para identificar posibles puntos de entrada y salida. La estrategia generalmente implica mantener posiciones durante unos días o semanas, lo que permite a los operadores capturar movimientos de precios más sustanciales que las operaciones intradía.

Las características clave de las estrategias de swing trading incluyen un período de tenencia a mediano plazo, dependencia del análisis técnico y fundamental y un fuerte énfasis en la gestión de riesgos. Los swing traders mantienen posiciones durante unos días o semanas, evitando el comercio intradiario constante asociado con el comercio diario. Analizan gráficos de precios y utilizan varios indicadores técnicos para identificar puntos de entrada y salida. Además, se considera el análisis fundamental para medir el valor subyacente y el crecimiento potencial de la criptomoneda. La gestión eficaz del riesgo es crucial en el swing trading para proteger el capital y minimizar las pérdidas potenciales, y las órdenes de limitación de pérdidas se utilizan habitualmente para salir de posiciones si la operación se mueve en contra del operador.

Las estrategias comunes de swing trading para criptomonedas incluyen operaciones de inversión de tendencias, operaciones de soporte y resistencia, cruces de promedios móviles, operaciones de ruptura y operaciones de retroceso de Fibonacci. El comercio de inversión de tendencia implica identificar puntos potenciales donde es probable que se revierta la tendencia actual. Los swing traders buscan señales de agotamiento de la tendencia, como patrones gráficos o divergencias en los indicadores técnicos, para abrir
posiciones en previsión de un cambio de tendencia.

El comercio de soporte y resistencia se centra en niveles de precios específicos donde los precios tienden a encontrar interés de compra (soporte) o encontrar presión de venta (resistencia). Los swing traders compran en niveles de soporte y venden en niveles de resistencia para beneficiarse de los movimientos de precios dentro de estos rangos establecidos. Los cruces de media móvil se utilizan como señal para entrar o salir de posiciones. Por ejemplo, una "cruz dorada" indica una probable tendencia alcista cuando una media móvil de corto plazo cruza una media móvil de largo plazo.

El trading de ruptura es similar al trading intradía, donde los traders de swing identifican niveles clave de soporte y resistencia. Toman posiciones cuando el precio supera la resistencia o se sitúa por debajo del soporte, esperando un fuerte impulso. El comercio de retroceso de Fibonacci implica el uso de niveles de retroceso de Fibonacci para identificar áreas potenciales de soporte y resistencia. Los operadores pueden utilizar estos niveles, que se basan en la secuencia de Fibonacci, para identificar probables puntos de revisión de precios.
El swing trading ofrece ventajas como un menor compromiso de tiempo, potencial para obtener ganancias

significativas y un menor estrés en comparación con el day trading. Los comerciantes pueden capitalizar movimientos de precios más sustanciales en un período de corto a mediano plazo. El swing trading también permite a los operadores evitar el seguimiento constante asociado con el day trading, lo que lo hace más adecuado para quienes tienen otros compromisos.

Sin embargo, el swing trading tiene sus riesgos y desafíos. Los mercados de criptomonedas pueden ser extremadamente volátiles, lo que genera movimientos repentinos de precios que pueden afectar las posiciones comerciales oscilantes. Mantener posiciones durante la noche expone a los traders swing a riesgos potenciales relacionados con la evolución del mercado y las noticias. Además, las estrategias de ruptura pueden conducir a rupturas falsas, donde el precio se sale brevemente de un rango de negociación antes de revertirse, lo que resulta en pérdidas potenciales para los operadores de swing.

La gestión eficaz del riesgo es esencial en el swing trading para mitigar pérdidas potenciales. Los operadores suelen utilizar órdenes de limitación de pérdidas para salir de posiciones si la operación se mueve en su contra, lo que ayuda a limitar pérdidas potenciales. Determinar los tamaños de posición adecuados en función de la tolerancia al riesgo y el tamaño general de la cartera es crucial para gestionar el riesgo de forma eficaz.
La disciplina psicológica también es un factor clave para el éxito del swing trading. Se requiere paciencia para esperar puntos de entrada y salida adecuados según la estrategia elegida. Además, los operadores deben gestionar las emociones y evitar tomar decisiones impulsivas basadas en movimientos de precios a corto plazo.

En conclusión, las estrategias de swing trading han ganado popularidad en el mercado de las criptomonedas debido a su potencial para capitalizar los movimientos de precios a mediano plazo. Varios enfoques de swing trading, como el trading de inversión de tendencias, el trading de soporte y resistencia, los cruces de medias móviles, el trading de ruptura y el trading de retroceso de Fibonacci, ofrecen a los operadores diferentes oportunidades de obtener ganancias en el dinámico mercado de activos digitales. El swing trading ofrece

ventajas como un menor compromiso de tiempo y potencial para obtener ganancias significativas, pero también conlleva riesgos relacionados con la volatilidad del mercado y la exposición al mercado día a día.

La gestión eficaz del riesgo mediante el uso de órdenes de limitación de pérdidas y el tamaño adecuado de las posiciones es crucial para mitigar las pérdidas potenciales. La disciplina psicológica, incluida la paciencia y el control emocional, es igualmente importante para tomar decisiones comerciales informadas y ejecutar las estrategias elegidas de forma eficaz. Al adoptar estrategias sólidas de swing trading, aplicar prácticas efectivas de gestión de riesgos y mantener la disciplina emocional, los swing traders de criptomonedas pueden navegar con confianza en el mercado, posicionándose para obtener ganancias potenciales en el panorama en constante evolución del trading de activos digitales.

Estrategias de negociación de posiciones para criptomonedas

El comercio de posiciones ha surgido como un enfoque comercial a largo plazo en el mercado de las criptomonedas, atrayendo a operadores que buscan capitalizar movimientos significativos de precios durante períodos prolongados. El trading de posiciones implica mantener posiciones durante semanas, meses o incluso años, a diferencia del day trading y el swing trading. El objetivo principal es aprovechar movimientos sustanciales de precios basados en el potencial de crecimiento general de la criptomoneda. Esta sección explora varias estrategias de negociación de posiciones que los comerciantes emplean en criptomonedas, describiendo sus características, ventajas y riesgos clave.

El comercio de posiciones es una estrategia a largo plazo que implica comprar y mantener criptomonedas durante un período prolongado. Los traders de posición, a diferencia de los day traders y los swing traders, están más interesados en las tendencias a largo plazo que en los cambios de precios a corto plazo. La estrategia requiere una fuerte creencia en el potencial de la criptomoneda para un crecimiento sustancial a lo largo del tiempo.

El análisis fundamental juega un papel crucial en las estrategias de negociación de posiciones. Los comerciantes evalúan el valor subyacente y el potencial de la criptomoneda, considerando factores como la tecnología, la adopción, los casos de uso y la demanda del mercado. Una comprensión profunda de los fundamentos de la criptomoneda ayuda a los operadores a tomar decisiones informadas sobre sus posiciones de inversión a largo plazo.

Una de las características clave de las estrategias de negociación de posiciones es el período de tenencia a largo plazo. Los operadores de posiciones mantienen sus posiciones en criptomonedas durante semanas, meses o incluso años, según su análisis de las tendencias a largo plazo y el potencial de crecimiento. Este largo período de tenencia diferencia el trading de posiciones del day trading y el swing trading, que implican plazos mucho más cortos.

La paciencia y la disciplina son atributos vitales de los operadores de posiciones exitosas. Mantener posiciones durante períodos prolongados requiere paciencia, ya que los operadores deben capear la volatilidad del mercado y las posibles fluctuaciones de precios. Además, es necesaria disciplina para ceñirse al plan de inversión a largo plazo y evitar tomar decisiones emocionales basadas en movimientos del mercado a corto plazo.
Las estrategias comunes de negociación de posiciones para criptomonedas incluyen seguimiento de tendencias, compra y retención, promediación de costos en dólares y negociación basada en eventos. El seguimiento de tendencias implica identificar y seguir las tendencias del mercado a largo plazo. Los operadores de posiciones ingresan posiciones largas durante las tendencias alcistas y mantienen sus posiciones mientras la tendencia permanezca intacta. La estrategia de compra y retención es un enfoque sencillo en el que los operadores de posición compran una criptomoneda con una perspectiva a largo plazo, creyendo en su potencial de crecimiento significativo con el tiempo.

El promedio del costo en dólares es una estrategia en la que los operadores compran regularmente una cantidad fija de una criptomoneda a intervalos predeterminados, independientemente de su precio. Este enfoque ayuda a reducir el impacto de las fluctuaciones de precios a corto plazo y es adecuado para los operadores que buscan construir una posición gradualmente. Para informar las decisiones de inversión a largo plazo, el comercio basado en eventos implica aprovechar eventos importantes, como actualizaciones importantes de protocolos, desarrollos de redes o cambios regulatorios.

El comercio de posiciones ofrece varias ventajas. En primer lugar, requiere un menor compromiso de tiempo que el day trading y el swing trading, ya que los operadores no necesitan monitorear el mercado constantemente. Los operadores de posiciones pueden permitirse el lujo de analizar menos los movimientos del mercado a corto plazo y centrarse más en el potencial a largo plazo de la criptomoneda. En segundo lugar, los operadores de posición experimentan menos estrés, ya que se ven menos afectados por las fluctuaciones de precios a corto plazo y el ruido del mercado. La perspectiva a largo plazo les permite resistir la volatilidad temporal del mercado con una mentalidad más serena.

Otra ventaja del comercio de posiciones es la posibilidad de obtener mayores beneficios. Al mantener posiciones durante movimientos significativos de precios a lo largo del tiempo, los operadores de posiciones pueden obtener ganancias más sustanciales en comparación con los enfoques comerciales a más corto plazo. Los operadores de posiciones ponen más énfasis en el potencial de crecimiento general de la criptomoneda que en los pequeños cambios de precios.

A pesar de estas ventajas, el comercio de posiciones conlleva su propio conjunto de riesgos y desafíos. La volatilidad del mercado a largo plazo puede poner a prueba la convicción de un comerciante en su tesis de inversión. Los operadores de posiciones deben estar preparados para resistir las fluctuaciones de precios durante períodos prolongados y mantenerse comprometidos con su estrategia a largo plazo. Además, el análisis fundamental es fundamental en el comercio de posiciones. Los operadores deben investigar y analizar exhaustivamente los fundamentos de la criptomoneda para tomar decisiones de inversión informadas a largo plazo.

Además, el costo de oportunidad es una consideración en el comercio de posiciones. Mantener posiciones a largo plazo puede inmovilizar capital que podría invertirse en otros activos u oportunidades comerciales. Los operadores de posiciones deben evaluar la asignación de su cartera y evaluar los rendimientos potenciales de las posiciones a largo plazo en comparación con otras opciones de inversión.

La gestión eficaz del riesgo es esencial en la negociación de posiciones para mitigar pérdidas potenciales. Los operadores deben determinar el tamaño de posición adecuado en función de su tolerancia al riesgo y el tamaño general de la cartera. Deberían contar con estrategias de salida claras, como objetivos de precios predeterminados o desencadenantes basados en eventos, para asegurar ganancias o limitar pérdidas.

La disciplina psicológica es igualmente crítica en el comercio de posiciones. Se requiere paciencia para mantener posiciones durante períodos prolongados, incluso durante períodos de volatilidad del mercado o sentimiento negativo. Los operadores deben evitar tomar decisiones emocionales basadas en movimientos de precios a corto plazo y cumplir con su plan de inversión a largo plazo.

En conclusión, las estrategias de negociación de posiciones han ganado popularidad en el mercado de las criptomonedas como un enfoque a largo plazo para capitalizar movimientos significativos de precios durante períodos prolongados. Los operadores de posiciones se centran en las tendencias a largo plazo y mantienen sus posiciones durante semanas, meses o incluso años, con el objetivo de obtener mayores ganancias en función del potencial de crecimiento general de la criptomoneda.

Las estrategias de negociación de posiciones comunes incluyen seguimiento de tendencias, compra y retención, promediación de costos en dólares y negociación basada en eventos. El comercio de posiciones ofrece ventajas como un menor compromiso de tiempo, menos estrés y la posibilidad de obtener mayores ganancias. Sin embargo, los operadores de posiciones deben estar preparados para resistir la volatilidad del mercado a largo plazo y deben realizar análisis fundamentales exhaustivos para tomar decisiones de inversión a largo plazo informadas.

La gestión eficaz del riesgo, incluido el tamaño de las posiciones y las estrategias de salida, es crucial para gestionar el riesgo en la negociación de posiciones. La disciplina psicológica, incluidas la paciencia y la convicción, es igualmente importante para adherirse a planes de inversión a largo plazo y evitar la toma de decisiones emocionales.

Al adoptar estrategias sólidas de negociación de posiciones, implementar prácticas efectivas de gestión de riesgos y mantener la disciplina psicológica, los operadores de posiciones de criptomonedas pueden navegar con confianza en el mercado, posicionándose para obtener ganancias potenciales en el mundo dinámico y en constante evolución del comercio de activos digitales.

CAPÍTULO VII
Estrategias comerciales avanzadas

Estrategias de especulación para criptomonedas

La especulación se ha convertido en un enfoque comercial ampliamente utilizado en el mercado de las criptomonedas, que atrae a comerciantes que buscan beneficiarse de pequeños movimientos de precios durante períodos cortos. A diferencia del trading intradía, swing o de posición, el scalping implica ejecutar múltiples operaciones a lo largo del día, con el objetivo de capitalizar las rápidas fluctuaciones de precios. Esta sección profundiza en varias estrategias de especulación que los comerciantes emplean en el mercado de las criptomonedas, describiendo sus características, ventajas y riesgos clave.

Una estrategia comercial de alta frecuencia llamada especulación incluye realizar muchas operaciones durante un solo día de negociación. Los revendedores se centran en pequeños diferenciales de precios y apuntan a beneficiarse de movimientos rápidos de precios, incluso si las ganancias por operación son relativamente pequeñas. La característica distintiva del scalping son sus cortos períodos de retención, que a menudo duran sólo unos segundos o minutos. Este enfoque acelerado requiere que los operadores están constantemente atentos y sean ágiles al ejecutar sus operaciones.

Las características clave de las estrategias de especulación incluyen operaciones de alta frecuencia, dependencia del análisis técnico y una gestión eficaz del riesgo. Los revendedores ejecutan múltiples operaciones a lo largo del día, aprovechando numerosas oportunidades rápidas para beneficiarse de las fluctuaciones de precios a corto plazo. El análisis técnico juega un papel importante en el scalping, ya que los operadores analizan los gráficos de precios y utilizan varios indicadores técnicos para identificar puntos de entrada y salida a corto plazo. La gestión de riesgos es crucial en el scalping debido a la alta frecuencia de las operaciones. Los revendedores suelen utilizar órdenes estrictas de limitación de pérdidas para limitar las

pérdidas potenciales y proteger su capital.

Las estrategias de especulación comunes para las criptomonedas incluyen la creación de mercado, el comercio de arbitraje, la especulación de impulso y la especulación con promedios móviles. La creación de mercado implica proporcionar liquidez al mercado mediante la colocación de órdenes de compra y venta, beneficiándose del diferencial entre oferta y demanda. Los operadores de arbitraje explotan las diferencias de precios de la misma criptomoneda en diferentes bolsas, comprando a un precio más bajo en una bolsa y vendiendo simultáneamente a un precio más alto en otra, capturando la discrepancia de precios. Los revendedores de impulso pretenden aprovechar el impulso de los precios a corto plazo, entrando en posiciones cuando el precio muestra fuertes movimientos ascendentes o descendentes y saliendo rápidamente para asegurar pequeñas ganancias. La especulación con promedios móviles implica el uso de promedios móviles para identificar tendencias a corto plazo y ejecutar operaciones cuando el precio cruza el promedio móvil.

La especulación ofrece varias ventajas a los comerciantes. En primer lugar, permite a los operadores obtener ganancias rápidas de múltiples operaciones a lo largo del día, aprovechando pequeños movimientos de precios. Los revendedores pueden aprovechar las fluctuaciones de precios a corto plazo que pueden no ser lo suficientemente significativas para otros enfoques comerciales. En segundo lugar, los revendedores evitan mantener posiciones durante la noche, lo que reduce su exposición a posibles riesgos de mercado y eventos noticiosos durante la noche. Al salir de sus posiciones antes del cierre del mercado, los revendedores eliminan la incertidumbre de los movimientos del mercado durante la noche. Además, el scalping minimiza la exposición al mercado, ya que los operadores sólo están expuestos al mercado por un corto tiempo. Esto reduce el impacto de las fluctuaciones prolongadas del mercado y permite a los operadores centrarse en las tendencias a corto plazo.

Sin embargo, la especulación también conlleva su propio conjunto de riesgos y desafíos. En primer lugar, la alta frecuencia de las transacciones genera mayores costos de transacción, lo que puede afectar la rentabilidad general. Los operadores deben considerar cuidadosamente la rentabilidad de su estrategia de especulación, ya que los costos de transacción excesivos pueden erosionar las ganancias potenciales. En segundo lugar, la naturaleza acelerada del scalping puede provocar estrés psicológico y agotamiento en algunos traders. Tomar decisiones rápidas constantemente y ejecutar operaciones con rapidez requiere una gran disciplina y concentración. En tercer lugar, los mercados de criptomonedas pueden ser muy volátiles, lo que genera fluctuaciones de precios rápidas e impredecibles. Los revendedores deben estar preparados para manejar los riesgos inherentes asociados con el comercio a corto plazo.

La gestión eficaz del riesgo es esencial en la especulación para mitigar pérdidas potenciales. Los revendedores utilizan órdenes estrictas de limitación de pérdidas para salir de posiciones si la operación se mueve en su contra, limitando las pérdidas potenciales y preservando el capital. Determinar los tamaños de posición adecuados en función de la tolerancia al riesgo y el tamaño general de la cartera es crucial para gestionar el riesgo de forma eficaz.

La disciplina psicológica es igualmente crítica para el éxito del scalping. Los revendedores deben ser expertos en tomar decisiones rápidas y ejecutar operaciones con rapidez. Gestionar el estrés y las emociones de forma eficaz es vital para evitar acciones impulsivas y mantener un enfoque comercial centrado.

En conclusión, las estrategias de especulación se han vuelto populares en el mercado de las criptomonedas, atrayendo a comerciantes que buscan ganancias rápidas a partir de pequeños movimientos de precios. La especulación implica operaciones de alta frecuencia con períodos de tenencia cortos, que dependen en gran medida del análisis técnico para los puntos de entrada y salida a corto plazo.

Las estrategias de especulación comunes incluyen la creación de mercado, el comercio de arbitraje, la especulación de impulso y la especulación con promedios móviles. La especulación ofrece ventajas como ganancias rápidas, riesgo reducido a un día y una exposición mínima al mercado. Sin embargo, los revendedores enfrentan desafíos como altos costos de transacción, estrés psicológico y posible volatilidad del mercado.

Una gestión eficaz del riesgo, incluido el uso de órdenes estrictas de limitación de pérdidas y un tamaño adecuado de las posiciones, es esencial para mitigar las pérdidas potenciales. Los revendedores deben ejercer disciplina psicológica, tomar decisiones rápidas y manejar el estrés de manera efectiva para navegar la naturaleza acelerada del revendedor.

Al adoptar estrategias sólidas de especulación, implementar prácticas efectivas de gestión de riesgos y mantener la disciplina psicológica, los revendedores de criptomonedas pueden navegar con confianza en el mercado, posicionándose para una rentabilidad potencial en el mundo en constante evolución del comercio de activos digitales.

Comercio de arbitraje en el mercado de criptomonedas

El comercio de arbitraje se ha convertido en una estrategia comercial ampliamente utilizada en el mercado de las criptomonedas, atrayendo a comerciantes que buscan capitalizar las discrepancias de precios entre diferentes intercambios. Esta sección explora el concepto de comercio de arbitraje en criptomonedas y describe sus principios, estrategias, ventajas y desafíos clave.

Un enfoque comercial conocido como negociación de arbitraje utiliza diferencias de precio para el mismo activo en varios mercados. En el contexto del mercado de criptomonedas, implica comprar una criptomoneda a un precio más bajo en un intercambio y simultáneamente venderla a un precio más alto en otro intercambio. El objetivo es capturar la discrepancia de precios, aprovechando el diferencial de precios inmediato entre las bolsas.

Los principios clave del comercio de arbitraje incluyen la existencia de ineficiencias de precios, la ejecución inmediata de las operaciones y la noción de ganancias sin riesgo. Las ineficiencias de precios surgen debido a variaciones en la oferta y la demanda, la liquidez, las comisiones cambiarias y las diferencias regulatorias regionales. Los comerciantes deben actuar con rapidez para capitalizar estas fugaces diferencias de precios, ya que las oportunidades de arbitraje a menudo existen durante un período corto, a veces sólo unos segundos o minutos. La estrategia se considera libre de riesgos porque implica la compra y venta simultánea del mismo activo, lo que permite a los operadores beneficiarse de las diferencias de precios sin exponerse a la volatilidad del mercado.

El comercio de arbitraje en criptomonedas abarca diferentes tipos de arbitraje, incluido el arbitraje espacial, temporal y estadístico. El arbitraje espacial implica aprovechar las diferencias de precios de la misma criptomoneda en diferentes intercambios. Los comerciantes compran la criptomoneda en el intercambio donde es más barata y la venden en otro intercambio donde tiene un precio más alto. Por otro lado, el arbitraje temporal capitaliza las diferencias de precios de la misma criptomoneda a lo largo del tiempo, explotando las variaciones que ocurren entre dos puntos en el tiempo dentro del mismo intercambio o entre diferentes intercambios. El arbitraje estadístico es una forma más compleja de negociación de arbitraje, que se basa en análisis cuantitativos y modelos estadísticos para identificar ineficiencias de precios. Los comerciantes utilizan algoritmos sofisticados para detectar patrones y desviaciones de las relaciones de precios esperadas.

El comercio de arbitraje ofrece varias ventajas a los comerciantes. En primer lugar, brinda oportunidades de ganancias sin riesgo, ya que los operadores ejecutan órdenes de compra y venta simultáneas, asegurando ganancias independientemente de la dirección del mercado. En segundo lugar, mejora la eficiencia del mercado al alinear los precios en diferentes bolsas, reducir las discrepancias de precios y mejorar la liquidez. En tercer lugar, el comercio de arbitraje contribuye a la estabilidad del mercado al minimizar las divergencias extremas de precios y reducir las burbujas especulativas.

Sin embargo, el comercio de arbitraje presenta sus propios desafíos y limitaciones. La velocidad de ejecución es crucial para aprovechar las oportunidades de arbitraje, ya que a menudo surgen y desaparecen rápidamente. Los comerciantes necesitan sistemas comerciales de alta velocidad y conexiones de baja latencia para ejecutar operaciones con prontitud. Los costos de transacción, como las tarifas comerciales y las tarifas de retiro en las bolsas, pueden afectar la rentabilidad del arbitraje, y los operadores deben considerar estos costos al evaluar oportunidades potenciales. Además, algunos intercambios tienen restricciones al comercio rápido o requieren procesos de verificación que pueden obstaculizar la capacidad de capitalizar rápidamente las oportunidades de arbitraje.

Para maximizar el comercio de arbitraje, los operadores pueden emplear varias estrategias. Los robots comerciales automatizados pueden ayudar a responder rápidamente a las oportunidades de arbitraje ejecutando operaciones con precisión y eficiencia. El análisis de la liquidez en las bolsas ayuda a los operadores a identificar los lugares más favorables para ejecutar operaciones de arbitraje. Además, monitorear las noticias y eventos del mercado puede afectar los precios de las criptomonedas, creando oportunidades de arbitraje. Los operadores deben mantenerse informados y estar preparados para actuar en función de la información de los mercados emergentes.

Las consideraciones regulatorias y legales son esenciales en el comercio de arbitraje en el mercado de criptomonedas. Los comerciantes deben ser conscientes de los requisitos de cumplimiento y las posibles implicaciones fiscales relacionadas con las actividades de arbitraje en diferentes jurisdicciones.

En conclusión, el comercio de arbitraje en criptomonedas se ha convertido en una estrategia popular para los comerciantes que buscan capitalizar las discrepancias de precios entre las bolsas. Los operadores de arbitraje pretenden beneficiarse de las diferencias de precios inmediatas sin exponerse a la volatilidad del mercado. La estrategia mejora la eficiencia, la estabilidad y la liquidez del mercado. Sin embargo, el comercio de arbitraje conlleva desafíos, como la velocidad de ejecución, los costos de transacción y las restricciones cambiarias, que los comerciantes deben afrontar para maximizar la rentabilidad.

Los robots comerciales automatizados, el análisis de liquidez y el seguimiento de las noticias del mercado pueden ayudar a los operadores a optimizar sus actividades comerciales de arbitraje. Además, comprender y cumplir las regulaciones y consideraciones legales pertinentes es crucial para realizar operaciones de arbitraje de manera responsable.

El comercio de arbitraje es vital en el ámbito de las criptomonedas, ya que contribuye a la alineación de precios y a una mayor eficiencia del mercado. Los operadores que abordan el comercio de arbitraje con diligencia, eficiencia y un profundo conccimiento de la dinámica del mercado se beneficiarán de las numerosas oportunidades que presenta en el mundo en constante evolución del comercio de activos digitales.

Comercio algorítmico y bots

El comercio algorítmico y los robots comerciales se han convertido en fuerzas impulsoras importantes en el mercado de las criptomonedas, remodelando la forma en que se ejecutan las operaciones y se implementan las estrategias. Esta sección profundiza en el comercio algorítmico y los robots comerciales en el mercado de las criptomonedas, aclarando sus principios clave, ventajas, desafíos e impacto en el panorama en constante evolución del comercio de activos digitales.

El comercio algorítmico, también conocido como comercio algorítmico, es una estrategia comercial que se basa en conjuntos predefinidos de reglas y algoritmos para automatizar la ejecución de las operaciones. Estos algoritmos están programados para analizar datos de mercado, identificar oportunidades comerciales y ejecutar operaciones de forma rápida y precisa. Los robots comerciales, también conocidos como sistemas comerciales automatizados o robots, actúan como mecanismos de ejecución para estos algoritmos, facilitando la ejecución fluida de las operaciones en nombre de los comerciantes.

Los principios clave del comercio algorítmico y de los bots se centran en la velocidad, la eficiencia, la toma de decisiones basada en datos y el comercio sin emociones. El comercio algorítmico y los robots se destacan en la ejecución de operaciones a alta velocidad y eficiencia, lo que les permite analizar datos de mercado y ejecutar operaciones en fracciones de segundo, una hazaña que puede resultar un desafío para los operadores manuales. Estos sistemas comerciales se basan en procesos de toma de decisiones basados en datos, analizando grandes cantidades de datos de mercado históricos y en tiempo real para identificar patrones, tendencias y posibles oportunidades comerciales. Una de las ventajas importantes del comercio algorítmico es su capacidad para eliminar los sesgos emocionales del proceso comercial. Los robots comerciales ejecutan operaciones basadas en reglas predeterminadas, desprovistas de emociones humanas como el miedo y la codicia, tomando así decisiones racionales y disciplinadas.

Las ventajas del comercio algorítmico y los bots son notables e impactantes. En primer lugar, su velocidad y precisión en la ejecución de las operaciones reducen el riesgo de errores manuales, lo que garantiza que las operaciones se ejecuten con prontitud y precisión. En segundo lugar, los robots comerciales operan continuamente, brindando a los operadores una presencia en el mercado las 24 horas del día, los 7 días de la semana, lo que les permite capitalizar oportunidades en los mercados globales, incluso fuera del horario comercial. En tercer lugar, el comercio algorítmico permite a los operadores lograr diversificación y eficiencia de la cartera mediante la implementación simultánea de múltiples estrategias en varios activos. Además, se puede realizar una prueba retrospectiva de los robots comerciales utilizando datos históricos para evaluar su rendimiento y optimizar sus algoritmos para obtener mejores resultados, lo que lleva a una mejor toma de decisiones y rentabilidad.

Sin embargo, el comercio algorítmico y los bots también enfrentan su propio conjunto de desafíos y riesgos. La complejidad técnica es un obstáculo importante para los operadores que buscan emplear estrategias algorítmicas. Desarrollar, mantener y solucionar problemas de estos sistemas comerciales requiere habilidades de programación avanzadas y experiencia técnica. Además, la volatilidad inherente del mercado de las criptomonedas plantea desafíos para las estrategias comerciales algorítmicas. Si bien estas estrategias pueden aprovechar los rápidos movimientos de precios, también pueden ser susceptibles a fluctuaciones repentinas del mercado, lo que requiere protocolos sólidos de gestión de riesgos.

Los robots comerciales algorítmicos emplean varias estrategias para aprovechar las oportunidades en el mercado de las criptomonedas. Los robots de creación de mercado proporcionan liquidez al mercado mediante la colocación de órdenes de compra y venta, con el objetivo de beneficiarse del diferencial entre oferta y demanda. Los robots de arbitraje identifican y explotan las diferencias de precios de la misma criptomoneda en diferentes intercambios, capturando la discrepancia de precios para obtener ganancias. Los robots de seguimiento de tendencias analizan datos históricos de precios para identificar y seguir las tendencias del mercado, ingresando posiciones en la dirección de la tendencia para capitalizar el impulso de los precios.

La regulación y la supervisión desempeñan papeles vitales en el mundo del comercio algorítmico y los bots. Dada la naturaleza dinámica y en evolución del mercado de criptomonedas, algunas jurisdicciones exigen el registro y el cumplimiento de reglas específicas para los sistemas de comercio algorítmicos para garantizar la integridad y equidad del mercado. Lograr un equilibrio entre innovación y protección de los inversores sigue siendo un punto central para los reguladores.

El futuro del comercio algorítmico y de los bots en el mercado de las criptomonedas parece prometedor. A medida que la tecnología continúa avanzando, se espera que estos sistemas comerciales se vuelvan más sofisticados, incorporando inteligencia artificial y algoritmos de aprendizaje automático para mejorar la toma de decisiones y la adaptabilidad a las condiciones de mercado en constante cambio. Es probable que estos avances mejoren la eficiencia y eficacia de las estrategias comerciales algorítmicas.

En conclusión, el comercio algorítmico y los robots comerciales han revolucionado el mercado de las criptomonedas, introduciendo velocidad, eficiencia, toma de decisiones basada en datos y comercio libre de emociones. El comercio algorítmico, impulsado por reglas y algoritmos predefinidos, permite a los operadores ejecutar operaciones con precisión y disciplina. Los robots comerciales ofrecen ventajas en velocidad, precisión y presencia en el mercado las 24 horas del día, los 7 días de la semana, brindando diversificación y eficiencia a los comerciantes. A pesar de los desafíos relacionados con la complejidad técnica y la volatilidad del mercado, el comercio algorítmico y los bots continúan dando forma al panorama del comercio de activos digitales, ofreciendo a los operadores oportunidades para navegar en el mercado dinámico y en evolución de las criptomonedas con mayor eficiencia y precisión. A medida que avanza la tecnología, el futuro del comercio algorítmico y los bots parece brillante y tiene el potencial de impulsar mayores avances en el mundo del comercio de activos digitales.

CAPÍTULO VIII
Análisis del sentimiento del mercado de criptomonedas

Importancia del análisis de sentimiento en el comercio

El análisis de sentimiento se ha convertido en una herramienta fundamental en el ámbito del comercio de criptomonedas, ya que brinda a los operadores información valiosa sobre el sentimiento del mercado y facilita la toma de decisiones informadas. Esta sección profundiza en la importancia del análisis de sentimiento en el comercio de criptomonedas, aclarando sus principios clave, ventajas, desafíos y su papel en la configuración de las estrategias de los comerciantes dentro del mercado dinámico y en constante evolución de activos digitales.

En el comercio de criptomonedas, el análisis de sentimientos, también conocido como minería de opiniones, implica evaluar e interpretar el sentimiento, las emociones y las opiniones del público expresadas a través de diversas fuentes, incluidos artículos de noticias, publicaciones en redes sociales, foros y comentarios de mercado. A través de técnicas de procesamiento del lenguaje natural (NLP), el análisis de sentimientos permite a los operadores analizar y comprender el lenguaje humano, extrayendo sentimientos y contexto de grandes cantidades de datos no estructurados.

Los principios clave del análisis de sentimiento en el comercio de criptomonedas giran en torno a la PNL, la puntuación de sentimiento y la visualización de sentimiento. Aprovechando los algoritmos de PNL, el análisis de sentimientos descifra los datos textuales y los categoriza en función de su positividad, negatividad o neutralidad. Esta cuantificación del sentimiento permite a los operadores evaluar el sentimiento general hacia criptomonedas específicas o el mercado de criptomonedas en su conjunto. Además, la visualización del sentimiento, presentada a través de cuadros y gráficos, ayuda a los operadores a captar rápidamente las tendencias del sentimiento del mercado.

Las ventajas del análisis de sentimiento en el comercio de criptomonedas son multifacéticas e impactantes. En primer lugar, el análisis de sentimiento proporciona a los operadores información valiosa sobre las emociones y percepciones de los participantes del mercado. Al comprender el sentimiento del mercado, los operadores pueden anticipar posibles movimientos de precios y cambios de tendencia, lo que facilita decisiones bien informadas. En segundo lugar, el análisis de sentimiento ayuda a los operadores a evaluar el impacto de las noticias y eventos en los precios de las criptomonedas. El sentimiento expresado en las noticias puede influir en el sentimiento del mercado y los operadores pueden aprovechar esta información para tomar decisiones comerciales prudentes. En tercer lugar, el análisis de sentimiento puede servir como herramienta de confirmación para otros indicadores de análisis técnico o fundamental. Cuando el sentimiento se alinea con otros métodos de análisis, fortalece la confianza de los operadores en sus decisiones comerciales.
Sin embargo, el análisis del sentimiento en el comercio de criptomonedas tiene sus desafíos y limitaciones. La subjetividad es un desafío clave, ya que el análisis de sentimientos se basa en la interpretación de las

emociones humanas expresadas en texto, lo que genera posibles diferencias en los resultados entre los diferentes algoritmos. Además, la abundancia de datos no estructurados plantea el riesgo de ruido en los datos, lo que podría afectar la precisión del análisis de sentimiento. Además, los mercados de criptomonedas son muy dinámicos y el sentimiento cambia rápidamente. Los operadores deben seguir siendo ágiles a la hora de adaptarse a los cambios en el sentimiento del mercado para evitar posibles obstáculos.

La incorporación del análisis de sentimiento en las estrategias de comercio de criptomonedas implica varios enfoques. El análisis del sentimiento de las redes sociales permite a los operadores medir la opinión pública y evaluar el impacto potencial de figuras influyentes en los precios de las criptomonedas. Por otro lado, el análisis del sentimiento de las noticias ayuda a los operadores a comprender cómo las noticias influyen en el sentimiento del mercado y los precios de las criptomonedas. Los agregadores de sentimiento son vitales para consolidar datos de sentimiento de múltiples fuentes, ofreciendo a los operadores una visión general completa del sentimiento del mercado.

El papel del análisis de sentimiento se extiende a influir en las estrategias de los traders. El enfoque contrario utiliza el análisis del sentimiento para identificar situaciones en las que el sentimiento mayoritario puede estar equivocado. Los operadores que adopten esta estrategia pueden ir en contra del sentimiento predominante para aprovechar oportunidades únicas. El análisis de sentimiento también puede servir como herramienta de confirmación para los operadores de tendencias, validando sus posiciones cuando el sentimiento del mercado se alinea con la tendencia predominante. Además, los operadores pueden utilizar el análisis de sentimiento en estrategias comerciales basadas en noticias, aprovechando el sentimiento del mercado en torno a eventos noticiosos importantes.

En el comercio de criptomonedas, el análisis de sentimiento juega un papel vital en la gestión de riesgos. Los operadores deben actuar con cautela y evitar tomar decisiones basadas únicamente en el análisis de sentimiento. En cambio, combinar el análisis de sentimiento con otros métodos de análisis y estrategias de gestión de riesgos es esencial para prácticas comerciales prudentes.

En conclusión, el análisis de sentimiento es una herramienta indispensable en el comercio de criptomonedas, ya que ofrece información valiosa sobre el sentimiento del mercado y las emociones expresadas por los participantes del mercado. Las técnicas de PNL permiten a los operadores analizar grandes cantidades de datos no estructurados y comprender de manera integral el sentimiento del mercado. Las ventajas del análisis de sentimiento para anticipar movimientos de precios, evaluar el impacto de las noticias y confirmar otros métodos de análisis son profundas. Sin embargo, los operadores deben seguir siendo conscientes de los desafíos relacionados con la subjetividad y el sentimiento rápidamente cambiante.

Varias estrategias de análisis de sentimiento, como el análisis de sentimiento de noticias y redes sociales, junto con agregadores de sentimiento, ayudan a los operadores a comprender las tendencias del sentimiento del mercado. Al adoptar el análisis de sentimiento en sus estrategias comerciales, los operadores pueden aprovechar oportunidades únicas, validar sus posiciones y tomar decisiones bien informadas. El papel del análisis de sentimiento en la gestión de riesgos garantiza prácticas comerciales prudentes y bien calibradas. A medida que el análisis de sentimientos continúa evolucionando, su importancia en la configuración de las estrategias de comercio de criptomonedas y los enfoques de gestión de riesgos crecerá, desempeñando un papel cada vez más influyente en el panorama dinámico del comercio de activos digitales.

Herramientas y técnicas para el análisis de sentimientos

El análisis de sentimiento se ha convertido en una poderosa herramienta para los comerciantes de criptomonedas, ya que proporciona información valiosa sobre el sentimiento del mercado y las emociones de los participantes. En esta sección, exploramos la importancia de las herramientas de análisis de sentimiento en el comercio de criptomonedas, profundizando en sus características clave, ventajas, desafíos y papel en la configuración de las estrategias de los operadores dentro del mercado dinámico y en constante evolución de activos digitales.

El mercado de las criptomonedas, caracterizado por la volatilidad y la especulación, a menudo experimenta importantes movimientos de precios influenciados por el sentimiento del mercado. El análisis de sentimientos, también conocido como minería de opiniones, implica evaluar e interpretar el sentimiento, las emociones y las opiniones del público expresadas en diversas fuentes, como artículos de noticias, publicaciones en redes sociales, foros y comentarios de mercado. Este análisis
ofrece a los operadores un medio para medir el sentimiento del mercado, proporcionando información crucial para la toma de decisiones.

Las herramientas de análisis de sentimiento en el comercio de criptomonedas abarcan varias técnicas y algoritmos para analizar datos textuales y determinar el sentimiento. Algunas herramientas notables incluyen análisis basado en léxico, algoritmos de aprendizaje automático y bibliotecas de procesamiento del lenguaje natural (NLP). El análisis basado en léxicos se basa en léxicos o diccionarios de sentimientos que contienen palabras categorizadas con sentimientos positivos, negativos o neutrales. El sentimiento general se determina agregando las puntuaciones de sentimiento de las palabras del texto. Utilizando datos etiquetados, algoritmos de aprendizaje automático, como Support Vector Machines (SVM) y Naive Bayes, clasifican el texto en categorías de sentimiento positivo, negativo o neutral. Las bibliotecas de PNL, como NLTK y spaCy, ofrecen modelos y herramientas previamente entrenados para procesar datos textuales, lo que facilita el análisis de sentimientos para los comerciantes.

Las técnicas empleadas por las herramientas de análisis de sentimiento desempeñan un papel fundamental a la hora de captar el sentimiento del mercado en el comercio de criptomonedas. El análisis del sentimiento en las redes sociales implica analizar los sentimientos expresados en plataformas como Twitter y Reddit por entusiastas, inversores y personas influyentes de las criptomonedas. Este análisis en tiempo real permite a los comerciantes evaluar la opinión pública y evaluar los posibles impactos en el mercado. Por otro lado, el análisis del sentimiento de las noticias se centra en evaluar el sentimiento expresado en artículos de noticias de fuentes acreditadas. Los eventos noticiosos pueden afectar significativamente los precios de las criptomonedas, y el análisis de sentimiento de los artículos de noticias ayuda a los operadores a comprender la influencia de las noticias positivas o negativas en el sentimiento del mercado y los posibles movimientos de precios. Los agregadores de opiniones consolidan datos de diversas fuentes, incluidas redes sociales, noticias y foros, proporcionando a los operadores una descripción general completa de la opinión del mercado. Estas herramientas a menudo presentan datos de sentimiento a través de visualizaciones como cuadros y gráficos, lo que facilita a los operadores comprender e interpretar las tendencias del sentimiento del mercado.

Las ventajas de las herramientas de análisis de sentimiento en el comercio de criptomonedas son múltiples. La información en tiempo real que ofrecen estas herramientas permite a los operadores responder rápidamente a las tendencias emergentes y los eventos noticiosos, mejorando sus capacidades de toma de decisiones. Las visualizaciones de datos en forma de cuadros y gráficos ayudan a los operadores a comprender y monitorear las tendencias del sentimiento del mercado de manera efectiva. Además, el análisis de sentimiento puede servir como herramienta de confirmación para otros indicadores de análisis técnico o fundamental, añadiendo otra capa de confianza a las estrategias de los traders.

A pesar de las ventajas, las herramientas de análisis de sentimiento también enfrentan desafíos en el comercio de criptomonedas. La naturaleza subjetiva del lenguaje y las expresiones puede presentar dificultades para comprender el contexto y dar lugar a posibles interpretaciones erróneas. Además, las fuentes de datos no estructuradas, como las redes sociales, pueden contener ruido, incluida información irrelevante o engañosa, lo que afecta la precisión del análisis de sentimientos. Además, los mercados de criptomonedas son muy volátiles y el sentimiento puede cambiar rápidamente, lo que requiere que los operadores sean ágiles para adaptarse a las cambiantes emociones del mercado.

Las herramientas de análisis de sentimiento desempeñan un papel integral en la configuración de las estrategias de los traders dentro del mercado de las criptomonedas. El enfoque contrario aprovecha el análisis de sentimiento para identificar situaciones en las que el sentimiento mayoritario puede ser incorrecto, lo que permite a los operadores aprovechar oportunidades únicas. El análisis de sentimiento también puede servir como herramienta para confirmar tendencias identificadas a través del análisis técnico, proporcionando validación para las posiciones de los traders en función del sentimiento prevaleciente en el mercado. Además, el análisis de sentimiento permite a los operadores implementar estrategias comerciales basadas en noticias, aprovechando el sentimiento del mercado en torno a eventos importantes.

Integrar el análisis de sentimiento en la gestión de riesgos es esencial para un comercio prudente de criptomonedas. Al combinar el análisis de sentimiento con otros métodos de análisis y estrategias de gestión de riesgos, los operadores pueden tomar decisiones comerciales bien calibradas e informadas. Una gestión de riesgos adecuada garantiza que los operadores no dependan únicamente del análisis de sentimiento, sino que lo utilicen como una de las muchas herramientas de su arsenal.

En conclusión, las herramientas de análisis de sentimiento se han convertido en activos indispensables para los comerciantes de criptomonedas, ya que brindan información en tiempo real sobre el sentimiento del mercado y las emociones expresadas por los participantes. Las diversas técnicas, como el análisis del sentimiento de las redes sociales, el análisis del sentimiento de las noticias y los agregadores de sentimiento, ofrecen a los operadores perspectivas integrales sobre las tendencias del sentimiento del mercado. Si bien existen desafíos relacionados con la subjetividad y los sentimientos que cambian rápidamente, las herramientas de análisis de sentimientos brindan ventajas como información en tiempo real y visualización de datos. Al incorporar el análisis de sentimiento en sus estrategias y prácticas de gestión de riesgos, los operadores pueden navegar por el dinámico y cambiante mercado de las criptomonedas con precisión y confianza, mejorando en última instancia su éxito comercial general. A medida que el mercado de las criptomonedas continúa evolucionando, las herramientas de análisis de sentimiento sin duda desempeñarán un papel cada vez más vital en la configuración de las estrategias y los procesos de toma de decisiones de los traders.

Incorporación del análisis de sentimiento en su estrategia comercial

El mundo del comercio de criptomonedas está marcado por su naturaleza volátil y especulativa, donde el sentimiento y las emociones del mercado son cruciales para dar forma a los movimientos de precios. El análisis de sentimientos, o extracción de opiniones, se ha convertido en una poderosa herramienta para los comerciantes de criptomonedas, ya que ofrece información sobre el sentimiento del mercado y las emociones expresadas por los participantes. Esta sección explora la importancia de incorporar el análisis de sentimiento en su estrategia comercial en el comercio de criptomonedas, describiendo los pasos clave, las ventajas, los desafíos y su papel en la toma de decisiones de los comerciantes dentro del mercado dinámico y en constante evolución de activos digitales.

El análisis de sentimientos implica evaluar e interpretar el sentimiento, las emociones y las opiniones del público expresados a través de diversas fuentes, como artículos de noticias, publicaciones en redes sociales, foros y comentarios de mercado. En el vertiginoso mundo de las criptomonedas, donde las noticias y los sentimientos cambian rápidamente, el análisis de sentimientos proporciona a los operadores información del mercado en tiempo real, lo que les permite reaccionar rápidamente a las tendencias y eventos noticiosos emergentes. Al incorporar el análisis del sentimiento en sus estrategias comerciales, los operadores pueden adquirir una ventaja competitiva y tomar decisiones informadas basadas en el sentimiento predominante en el mercado.

El primer paso para incorporar el análisis de sentimiento en su estrategia comercial es seleccionar las herramientas de análisis de sentimiento adecuadas que se adapten a su estilo y requisitos comerciales. Considere herramientas que ofrezcan análisis de sentimientos en tiempo real, visualización de datos y agregación de sentimientos de múltiples fuentes. Estas herramientas brindan una comprensión integral de las tendencias del sentimiento del mercado y lo ayudan a mantenerse actualizado con la dinámica en constante cambio del mercado.

Definir métricas de sentimiento específicas es otro paso crucial en su estrategia comercial. Estas métricas pueden incluir umbrales de puntuación de sentimiento positivo, umbrales de puntuación de sentimiento negativo y el uso de líneas de tendencia de sentimiento. Establecer estas métricas le permite alinear el análisis de sentimiento con sus objetivos comerciales y tomar decisiones en consecuencia.

Integrar el análisis de sentimiento con otros métodos de análisis es esencial para formar una estrategia comercial completa. Si bien el análisis de sentimientos proporciona información valiosa, no debe utilizarse de forma aislada. En cambio, debería complementar otros métodos de análisis, como el análisis técnico y el análisis fundamental, para fortalecer su enfoque comercial. El análisis técnico puede ayudar a confirmar posibles oportunidades comerciales identificadas mediante el análisis de sentimiento, mientras que el análisis fundamental puede ayudar a evaluar el impacto de las noticias y eventos en el sentimiento del mercado.

La gestión de riesgos es una parte integral de cualquier estrategia comercial y la incorporación del análisis de sentimiento requiere una cuidadosa consideración de los protocolos de mitigación de riesgos. Al evaluar el impacto potencial del análisis de sentimiento en sus operaciones, puede asegurarse de que estrategias eficaces de gestión de riesgos complementen sus decisiones. Este enfoque ayuda a mitigar pérdidas potenciales y garantiza un plan comercial bien calibrado.

Las ventajas de incorporar el análisis de sentimiento en su estrategia comercial son múltiples. En primer lugar, el análisis de sentimiento proporciona información del mercado en tiempo real, lo que le permite mantenerse a la vanguardia y tomar decisiones oportunas. Esta ventaja es especialmente crucial en el vertiginoso mercado de las criptomonedas, donde los movimientos de precios pueden ser rápidos e impredecibles. En segundo lugar, integrar el análisis de sentimiento con otros métodos de análisis puede actuar como una herramienta de confirmación, fortaleciendo sus decisiones comerciales basadas en el sentimiento prevaleciente en el mercado. En tercer lugar, el análisis del sentimiento puede ayudar a identificar oportunidades contrarias, en las que el sentimiento mayoritario puede ser incorrecto. Reconocer estas situaciones le permite aprovechar oportunidades comerciales únicas que otros podrían pasar por alto.

Sin embargo, incorporar el análisis de sentimiento en su estrategia comercial también conlleva algunos desafíos. La subjetividad y el contexto son desafíos importantes en el análisis de sentimientos, ya que las expresiones del lenguaje pueden ser complejas y matizadas. La posible interpretación errónea del sentimiento debido a las complejidades del lenguaje puede afectar la precisión del análisis del sentimiento. Además, las fuentes de datos no estructuradas, en particular las redes sociales, pueden contener ruido o estar sujetas a manipulación del mercado, lo que genera sentimientos potencialmente engañosos. Los operadores deben estar atentos a la hora de distinguir entre el sentimiento genuino del mercado y la información manipulada. Además, la naturaleza rápidamente cambiante del sentimiento en el mercado de las criptomonedas exige agilidad y adaptabilidad para responder a las emociones cambiantes.

La función del análisis de sentimiento puede variar según los diferentes estilos comerciales. Para los traders intradía, el análisis de sentimiento proporciona información valiosa sobre los movimientos de precios a corto plazo, ayudándoles a tomar decisiones rápidas e informadas. Los swing traders pueden aprovechar el análisis de sentimiento para identificar posibles cambios de tendencia y señalar puntos de entrada y salida en función de los cambios en el sentimiento del mercado. Los inversores a largo plazo pueden utilizar el análisis de sentimiento como herramienta complementaria para evaluar las tendencias del sentimiento del mercado y el sentimiento en torno a eventos importantes, guiando sus decisiones de inversión a largo plazo.

Realizar pruebas retrospectivas y optimizar las estrategias de análisis de sentimiento es esencial para garantizar la eficacia de incorporar el análisis de sentimiento en su estrategia comercial. El backtesting implica evaluar el rendimiento de sus estrategias de análisis de sentimiento utilizando datos históricos, proporcionando información sobre su eficacia. Según los resultados de las pruebas retrospectivas, puede optimizar sus estrategias de análisis de sentimiento para afinar sus decisiones comerciales y mejorar el éxito comercial general.

Equilibrar el análisis de sentimiento con otros métodos de análisis es crucial para un enfoque comercial integral. La combinación del análisis de sentimiento con el análisis técnico y fundamental le brinda una visión holística de las condiciones del mercado y las oportunidades comerciales. Los indicadores de análisis técnico pueden confirmar posibles oportunidades comerciales identificadas mediante el análisis de sentimiento, mientras que el análisis fundamental puede evaluar el impacto de las noticias y eventos en el sentimiento del mercado.

En conclusión, incorporar el análisis de sentimiento a su enfoque comercial podría ser una adición útil a su arsenal de herramientas de comercio de criptomonedas. Al seleccionar herramientas de análisis de sentimiento adecuadas, definir métricas de sentimiento, integrar el análisis de sentimiento con otros métodos de análisis e implementar una gestión de riesgos eficaz, los operadores pueden obtener información oportuna sobre el mercado, confirmar decisiones comerciales e identificar oportunidades únicas. A pesar de los desafíos relacionados con la subjetividad y el sentimiento que cambia rápidamente, los operadores pueden utilizar el análisis de sentimiento para mejorar sus procesos de toma de decisiones en el day trading, e swing trading y la inversión a largo plazo. Al aprovechar el análisis de sentimiento de manera efectiva, los operadores pueden navegar por el dinámico y cambiante mercado de las criptomonedas con mayor precisión, confianza y éxito. A medida que el análisis de sentimiento evolucione y avance, su papel en la configuración de las estrategias de los traders y los procesos de toma de decisiones en el comercio de criptomonedas será, sin duda, cada vez más influyente.

CAPÍTULO IX
Gestión de riesgos y psicología en el comercio de criptomonedas

Comprensión y gestión de riesgos

El comercio de criptomonedas ha cautivado al mundo financiero con su potencial para obtener ganancias sustanciales, pero también conlleva riesgos inherentes. A medida que los comerciantes se aventuran en el dinámico y volátil mercado de activos digitales, comprender y gestionar los riesgos se vuelve fundamental para garantizar prácticas comerciales prudentes y exitosas. Esta sección profundiza en los riesgos asociados con el comercio de criptomonedas, describe las estrategias de gestión y evaluación de riesgos y enfatiza la importancia de adoptar un enfoque cauteloso e informado para navegar en el panorama en constante cambio de los mercados de criptomonedas.

El mundo de las criptomonedas presenta riesgos únicos que difieren de los de los mercados financieros tradicionales. La volatilidad del mercado es una característica definitoria, y las criptomonedas son conocidas por sus fluctuaciones extremas de precios. Los operadores deben estar preparados para oscilaciones repentinas de precios que pueden generar ganancias o pérdidas significativas. Además, los grandes tenedores, conocidos como ballenas, pueden influir en los precios mediante la ejecución de transacciones sustanciales, por lo que es esencial que los comerciantes sean cautelosos ante la manipulación del mercado y comprendan su impacto potencial.

La incertidumbre regulatoria es otro riesgo que enfrentan los comerciantes. Los mercados de criptomonedas están relativamente desregulados en muchas jurisdicciones, lo que genera incertidumbres en materia de impuestos, protección legal y cumplimiento normativo. Los comerciantes deben monitorear la evolución regulatoria, ya que los cambios en las leyes y políticas pueden afectar profundamente a los mercados de criptomonedas.

Mitigar las amenazas a la seguridad es fundamental en el comercio de criptomonedas. Los ciberataques dirigidos a intercambios y billeteras pueden resultar en el robo de fondos. Al implementar medidas de seguridad sólidas y utilizar plataformas confiables, los comerciantes pueden reducir el riesgo de tales ataques. Además, los comerciantes deben estar atentos a los intentos de phishing y los esquemas fraudulentos, que pueden provocar la pérdida de información y activos confidenciales.

Los riesgos de liquidez también prevalecen en el mercado de las criptomonedas. Algunas criptomonedas pueden experimentar baja liquidez, lo que dificulta la compra o venta de grandes cantidades sin afectar significativamente los precios. Los operadores deben elegir bolsas con suficiente liquidez para garantizar una negociación fluida y evitar retrasos o precios de ejecución desfavorables.

Las vulnerabilidades tecnológicas pueden plantear riesgos para los comerciantes. Los fallos en las redes blockchain pueden provocar violaciones de seguridad, bifurcaciones o retrasos en el procesamiento de transacciones. Los contratos inteligentes, un componente crítico de muchas criptomonedas, pueden ser vulnerables a errores de codificación, lo que genera resultados inesperados o posibles vulnerabilidades.

Para gestionar los riesgos de forma eficaz, los operadores pueden adoptar varias estrategias de gestión de riesgos. La diversificación es un enfoque fundamental que implica distribuir la cartera de criptomonedas entre diferentes activos. Esto ayuda a distribuir los riesgos y reducir el impacto de los movimientos adversos de los precios. El tamaño de la posición es otra estrategia importante, que limita las pérdidas potenciales en operaciones individuales y evita un agotamiento sustancial del capital en caso de condiciones de mercado desfavorables. Los operadores también pueden implementar órdenes de limitación de pérdidas, que les permiten salir de posiciones automáticamente si los precios alcanzan un nivel predeterminado, limitando así las pérdidas potenciales. La evaluación de la relación riesgo-recompensa para cada operación garantiza que las ganancias potenciales superen las pérdidas potenciales, lo que hace que la operación sea más favorable.

Más allá de las estrategias técnicas, la gestión de los aspectos psicológicos del riesgo es igualmente importante. Controlar emociones como el miedo y la codicia es crucial para evitar decisiones impulsivas e irracionales. Comprender la tolerancia al riesgo personal es vital para determinar el nivel adecuado de exposición al riesgo en el comercio de criptomonedas.

Antes de tomar cualquier decisión comercial, se debe realizar una investigación exhaustiva y la debida diligencia. El análisis fundamental implica evaluar los fundamentos de las criptomonedas y los proyectos para identificar inversiones sólidas con perspectivas prometedoras. El análisis técnico proporciona información sobre las tendencias de precios, los niveles de soporte y resistencia, lo que ayuda a los operadores a tomar decisiones informadas.

Aprender de operaciones pasadas y adaptarse a las tendencias del mercado es vital para la mejora continua. Revisar operaciones pasadas y analizar errores puede proporcionar lecciones e ideas valiosas para futuras estrategias comerciales. Los comerciantes pueden mantenerse a la vanguardia y aprovechar las oportunidades siendo flexibles y adaptables en respuesta a los patrones cambiantes del mercado.

En conclusión, el comercio de criptomonedas ofrece importantes oportunidades, pero también plantea riesgos importantes. Comprender y gestionar estos riesgos de forma eficaz es esencial para que los operadores naveguen por el mercado de las criptomonedas y alcancen sus objetivos comerciales con confianza. Un enfoque cauteloso e informado y estrategias de gestión de riesgos sientan las bases para un viaje exitoso y sostenible en el comercio de criptomonedas. Al adoptar prácticas prudentes de gestión de riesgos y mejorar continuamente sus habilidades comerciales, los operadores pueden prosperar en el mundo dinámico y en constante evolución de los mercados de criptomonedas.

Disciplina emocional y psicología comercial

El mercado de las criptomonedas es un entorno volátil y de ritmo rápido, donde los precios pueden experimentar oscilaciones dramáticas en períodos cortos. Para navegar con éxito en este panorama dinámico, los operadores deben dominar la disciplina emocional y la psicología comercial. La disciplina emocional se refiere al control de emociones como el miedo y la codicia durante el comercio, garantizando una toma de decisiones racional. Esta sección profundiza en la importancia de la disciplina emocional y la psicología comercial en el mercado de las criptomonedas y explora estrategias para cultivar una mentalidad resiliente.

La disciplina emocional es fundamental en el mercado de las criptomonedas, donde el miedo y la codicia pueden influir en la toma de decisiones. El miedo a menudo lleva a los comerciantes a vender en pánico durante las caídas del mercado, lo que resulta en pérdidas significativas. Por otro lado, la codicia puede impulsar el comercio impulsivo, en busca de ganancias rápidas sin un análisis adecuado. Al mantener la disciplina emocional, los operadores pueden mantenerse sensatos y tomar decisiones lógicas, sin verse afectados por el sentimiento del mercado.

FOMO, o miedo a perderse algo, es otro desencadenante emocional común en el mercado de las criptomonedas. Los operadores impulsados por FOMO pueden tomar decisiones impulsivas para realizar operaciones, por temor a perder ganancias potenciales. Sin embargo, las acciones impulsadas por FOMO pueden llevar a comprar en el pico de un repunte de precios, lo que resulta en pérdidas cuando el mercado corrige. Cultivar la disciplina emocional ayuda a los traders a resistir los impulsos impulsados por FOMO y a tomar decisiones bien calculadas.

Los atajos mentales conocidos como sesgos cognitivos pueden dar lugar a juicios irracionales. Los traders deben ser conscientes de los sesgos cognitivos, como el sesgo de confirmación, que les lleva a buscar información que respalde sus creencias existentes, ignorando la evidencia contradictoria. Reconocer y mitigar los sesgos cognitivos es crucial para tomar decisiones comerciales objetivas.

Para cultivar la disciplina emocional, los traders pueden emplear varias estrategias. Cumplir con un plan comercial bien definido con puntos de entrada y salida claros ayuda a mitigar los impulsos emocionales durante la volatilidad del mercado. Las técnicas adecuadas de gestión de riesgos, como establecer órdenes de limitación de pérdidas y dimensionamiento de posiciones, limitan las pérdidas potenciales y protegen el capital.

La conciencia mental también es esencial para la disciplina emocional. Los operadores deben desarrollar la autoconciencia y reconocer los desencadenantes emocionales durante la negociación. Tomar descansos cuando se siente abrumado o estresado puede ayudar a mantener el equilibrio emocional y prevenir acciones impulsivas.

La educación continua y la experiencia son invaluables en el desarrollo de la disciplina emocional. Cuanto más conocimiento y experiencia acumulen los comerciantes sobre las criptomonedas, mejor equipados están para manejar las fluctuaciones del mercado. Es más probable que un trader bien informado tome decisiones racionales basadas en el análisis que en las emociones.

La paciencia y la disciplina son virtudes que tienen un inmenso poder en el mercado de las criptomonedas. Los traders exitosos entienden que el mercado es impredecible y no se apresuran a tomar decisiones impulsivas. Esperan pacientemente las oportunidades adecuadas, apegándose a su plan comercial y evitando obstáculos emocionales.

En conclusión, la disciplina emocional y la psicología comercial son aspectos indispensables para operar con éxito en el mercado de las criptomonedas. Los traders que dominan la disciplina emocional pueden tomar decisiones racionales, evitando acciones impulsivas impulsadas por el miedo o la codicia. Al reconocer y mitigar los sesgos cognitivos, los traders pueden tomar decisiones objetivas basadas en un análisis sólido. Al emplear estrategias como ceñirse a un plan comercial, gestión de riesgos y conciencia mental, los operadores pueden cultivar la disciplina emocional y lograr una mentalidad resiliente. La paciencia y la disciplina son atributos clave que separan a los traders exitosos de aquellos que caen presa de prejuicios emocionales. En el mercado de las criptomonedas en constante evolución, la disciplina emocional y la psicología comercial son herramientas esenciales para afrontar los desafíos y aprovechar las oportunidades.

Cómo afrontar las pérdidas y mantener una mentalidad positiva

El comercio de criptomonedas es una actividad emocionante y potencialmente lucrativa que atrae a comerciantes de todos los ámbitos de la vida. Sin embargo, con su volatilidad e imprevisibilidad inherentes, el mercado puede generar ganancias estimulantes y pérdidas desalentadoras. La capacidad de hacer frente a las pérdidas y mantener una mentalidad positiva es un factor que define el éxito a largo plazo de un operador. En esta sección, exploramos los desafíos de lidiar con las pérdidas en el comercio de criptomonedas, las estrategias para fomentar una mentalidad positiva y la importancia de la resiliencia emocional para navegar los altibajos del mercado de las criptomonedas en constante cambio.

El impacto emocional de las pérdidas en el comercio de criptomonedas puede ser profundo. El miedo y la ansiedad pueden apoderarse de los comerciantes cuando enfrentan pérdidas, lo que los lleva a dudar y cuestionar sus decisiones. También pueden surgir frustración y arrepentimiento, lo que hace que los operadores se dediquen a pensar en las oportunidades perdidas y los errores del pasado. Además, las pérdidas repetidas pueden erosionar la confianza de un operador en sus capacidades, lo que dificulta la ejecución de operaciones con convicción.

Para hacer frente a las pérdidas de forma eficaz, los operadores pueden adoptar varias estrategias. La aceptación del riesgo es la base para afrontar las pérdidas. Comprender que el comercio implica inherentemente riesgos permite a los operadores aceptar las pérdidas como una parte natural del proceso. Aprender de operaciones pasadas e identificar los motivos de las pérdidas proporciona información valiosa para mejorar y evita que se repitan errores similares. Además, evitar reacciones impulsivas y ceñirse a un plan comercial bien definido ayuda a los operadores a tomar decisiones racionales a pesar de las pérdidas.

Mantener una mentalidad positiva es crucial para que los operadores superen los desafíos del comercio de criptomonedas. Centrarse en objetivos a largo plazo permite a los operadores resistir pérdidas a corto plazo y mantenerse comprometidos con sus objetivos comerciales generales. Practicar la gratitud y mantener una actitud positiva fomenta la resiliencia y ayuda a los traders a afrontar períodos difíciles. La visualización y las afirmaciones pueden reforzar la confianza y la confianza en uno mismo, permitiendo a los traders mantenerse optimistas.

La resiliencia emocional juega un papel importante en la capacidad de un comerciante para hacer frente a las pérdidas. Desarrollar la disciplina emocional implica reconocer y controlar las reacciones emocionales durante el trading. La atención plena y la autoconciencia son vitales para cultivar la disciplina emocional. Además, gestionar el estrés y priorizar el cuidado personal refuerza la resiliencia emocional y el bienestar mental.

Las estrategias eficaces de gestión de riesgos actúan como amortiguador contra posibles pérdidas y reducen el estrés emocional. Técnicas como el tamaño de las posiciones y el establecimiento de órdenes de limitación de pérdidas ayudan a mitigar las pérdidas y proteger el capital. Diversificar la cartera de criptomonedas distribuye el riesgo y minimiza el impacto de las pérdidas individuales.

Los traders deberían ver las pérdidas como oportunidades de crecimiento y aprendizaje. Adoptar una mentalidad de crecimiento, en la que los desafíos se consideran experiencias de aprendizaje, fomenta una actitud positiva ante las pérdidas. Adaptar y desarrollar continuamente estrategias basadas en las lecciones aprendidas de las pérdidas es esencial para el crecimiento y desarrollo de un comerciante.

Buscar apoyo y comunidad puede brindar un valioso apoyo emocional y una plataforma para compartir experiencias. Unirse a grupos de apoyo a comerciantes o comunidades en línea permite a los comerciantes conectarse con personas de ideas afines. La tutoría de comerciantes experimentados y la educación continua mejoran el conocimiento y el bienestar emocional de los comerciantes.

Llevar un diario comercial permite a los operadores reflexionar sobre sus decisiones, identificar patrones y mejorar continuamente sus estrategias. Establecer expectativas realistas sobre los riesgos y recompensas potenciales del comercio de criptomonedas puede minimizar la decepción y la frustración.

En conclusión, lidiar con las pérdidas y mantener una mentalidad positiva en el comercio de criptomonedas es una parte integral del camino de un comerciante hacia el éxito. Las pérdidas pueden provocar miedo, ansiedad y frustración, pero los operadores pueden afrontar las pérdidas de forma más eficaz aceptando el riesgo, aprendiendo de los errores y evitando reacciones impulsivas. Cultivar una mentalidad positiva, adoptar la resiliencia emocional y centrarse en objetivos a largo plazo permite a los operadores navegar con confianza los altibajos del mercado.

Una gestión eficaz del riesgo y una cartera equilibrada protegen contra pérdidas significativas. Aprender de las pérdidas y adoptar una mentalidad de crecimiento permite a los operadores adaptar y evolucionar continuamente sus estrategias. Buscar el apoyo de las comunidades, los mentores y la educación mejora el conocimiento y el bienestar emocional de los traders.

En última instancia, el comercio de criptomonedas requiere una combinación de experiencia técnica y fortaleza emocional. Al desarrollar una disciplina emocional, mantener una mentalidad positiva y aprender de cada experiencia comercial, los operadores pueden transformar las pérdidas en peldaños hacia el crecimiento y el éxito. En el mercado dinámico y en constante evolución de las criptomonedas, la resiliencia emocional y una mentalidad positiva son cualidades esenciales que distinguen a los traders exitosos en su camino hacia el logro de sus objetivos financieros.

CAPÍTULO X
Seguridad y privacidad en el comercio de criptomonedas

Mejores prácticas para proteger sus tenencias de criptomonedas

La demanda de fuertes medidas de seguridad para proteger los activos digitales está creciendo junto con la popularidad de las criptomonedas. Los poseedores de criptomonedas, incluidos los comerciantes, suelen ser objetivos principales de piratas informáticos y ciberdelincuentes debido a la naturaleza descentralizada y seudónima de las transacciones de blockchain. En esta sección, profundizamos en la importancia de proteger las tenencias de criptomonedas, exploramos los riesgos y vulnerabilidades que enfrentan los comerciantes y analizamos las mejores prácticas para salvaguardar los activos digitales y promover una experiencia de comercio de criptomonedas segura.

La popularidad del comercio de criptomonedas ha aumentado significativamente, impulsada por el atractivo de las ganancias potenciales y la promesa de un sistema financiero descentralizado. Sin embargo, la naturaleza digital de las criptomonedas también presenta desafíos de seguridad únicos. Comprender los riesgos y vulnerabilidades es esencial para proteger eficazmente las tenencias de criptomonedas.

Los ataques de piratería y phishing siguen siendo amenazas frecuentes en el espacio de las criptomonedas. Los ciberdelincuentes emplean técnicas sofisticadas para infiltrarse en bolsas, billeteras y cuentas de usuarios, robando criptomonedas e información confidencial. Los ataques de phishing, disfrazados de sitios web o correos electrónicos legítimos, tienen como objetivo engañar a los usuarios para que revelen sus claves privadas o credenciales de inicio de sesión.

Las carteras y los intercambios inseguros también son importantes preocupaciones de seguridad. Las carteras o los intercambios mal protegidos pueden hacer que los comerciantes sean susceptibles a violaciones de seguridad y robos. Además, la falta de una regulación sólida en la industria de las criptomonedas significa que los comerciantes a menudo tienen una protección legal limitada en caso de incidentes de seguridad.

Proteger las tenencias de criptomonedas es de suma importancia para los comerciantes. Proteger los activos financieros es el objetivo principal, garantizar que las criptomonedas obtenidas con tanto esfuerzo permanezcan a salvo de robos y pérdidas. Preservar la privacidad es otro aspecto crucial de la seguridad, ya que las transacciones de criptomonedas son seudónimas por naturaleza y mantener el anonimato es deseable para muchos comerciantes. Además, promover la confianza dentro de la comunidad criptográfica en general depende en gran medida de la capacidad de los comerciantes para demostrar que sus activos digitales están seguros.

Para lograr una seguridad sólida, los comerciantes pueden adoptar una serie de mejores prácticas. Se recomiendan encarecidamente las carteras de hardware, también conocidas como carteras frías. Las billeteras de hardware brindan una solución de almacenamiento fuera de línea, que es resistente a los intentos de piratería y agrega una capa adicional de protección a las claves privadas.

Seleccionar intercambios acreditados con un sólido historial de prácticas de seguridad es vital para los comerciantes. Los intercambios bien establecidos con un historial de medidas de seguridad confiables reducen el riesgo de ser víctima de ataques de intercambio. Habilitar la autenticación de dos factores (2FA) es otra práctica valiosa. Al solicitar una segunda forma de identificación a los usuarios antes de otorgarles acceso a sus cuentas, 2FA ofrece una capa adicional de protección.

Actualizar el software periódicamente es esencial para protegerse contra vulnerabilidades conocidas. Mantener las billeteras, las plataformas de intercambio y los dispositivos actualizados con los últimos parches de software ayuda a prevenir la explotación por parte de actores maliciosos. Además, implementar contraseñas seguras que combinen letras, números y símbolos dificulta que los piratas informáticos accedan a las cuentas.

Los comerciantes deberían considerar emplear soluciones de almacenamiento en frío para mantener sus activos a largo plazo. Las billeteras de papel implican la impresión de claves privadas y direcciones públicas, que luego se almacenan de forma segura fuera de línea. Como se mencionó anteriormente, las billeteras de hardware ofrecen una forma segura y sin conexión de almacenar claves privadas.

Las billeteras multi firma (multifirma) brindan una capa adicional de seguridad al requerir múltiples claves privadas para autorizar transacciones. Este enfoque distribuye el control entre diferentes partes y mejora la protección contra el acceso no autorizado y el robo.

Comprender la diferencia entre billeteras frías y billeteras calientes es esencial. Las billeteras frías son soluciones de almacenamiento fuera de línea, ideales para mantenerlas a largo plazo y minimizar la exposición a riesgos de piratería. Las billeteras activas, por otro lado, son excelentes para el comercio y las transacciones regulares porque están conectadas a Internet. Sin embargo, las billeteras activas son más vulnerables a las amenazas en línea.

Las copias de seguridad y las medidas de recuperación son cruciales para garantizar que las tenencias de criptomonedas puedan recuperarse en caso de falla o pérdida del dispositivo. Hacer copias de seguridad periódicas de los archivos de billetera y las claves privadas y almacenarlas de forma segura en ubicaciones cifradas agrega una capa adicional de protección.

Los comerciantes deben evitar el uso de Wi-Fi público y redes no seguras para acceder a sus tenencias de criptomonedas. Hacerlo puede exponer los dispositivos y la información privada a posibles intentos de piratería. El comercio y el acceso a tendencias de criptomonedas en redes seguras y privadas minimizan los riesgos.
Educarse sobre las últimas amenazas a la seguridad y las mejores prácticas es un proceso de aprendizaje continuo que mejora la conciencia y promueve medidas de seguridad proactivas. Mantenerse informado sobre noticias y actualizaciones relacionadas con la seguridad en el espacio de las criptomonedas ayuda a los operadores a permanecer atentos.

La disciplina emocional es crucial para responder con calma y racionalidad a los incidentes de seguridad. Ser disciplinado emocionalmente permite a los operadores tomar medidas rápidas si se sospecha de una violación de seguridad, lo que reduce las pérdidas potenciales.

Para aquellos que tienen menos confianza en sus prácticas de seguridad, buscar auditorías de seguridad profesionales o consultar con expertos en ciberseguridad puede proporcionar soluciones de seguridad personalizadas para las necesidades de los comerciantes individuales.

En conclusión, asegurar las tenencias de criptomonedas es un aspecto fundamental del comercio de criptomonedas. Comprender los riesgos y vulnerabilidades e implementar las mejores prácticas de seguridad son esenciales para salvaguardar los activos digitales. Al adherirse a carteras de hardware, intercambios acreditados, autenticación de dos factores, actualizaciones periódicas de software y contraseñas seguras, los comerciantes pueden proteger sus tenencias de criptomonedas de intentos de piratería.
Las soluciones de almacenamiento en frío, las billeteras con múltiples firmas y las medidas adecuadas de respaldo y recuperación son medidas de seguridad adicionales que agregan una capa adicional de protección. Evitar las redes Wi-Fi públicas y mantenerse informado sobre las amenazas a la seguridad son componentes cruciales de una estrategia de seguridad integral.

Además, la disciplina emocional en los incidentes de seguridad permite a los comerciantes responder con calma y tomar medidas rápidas si es necesario. Al adoptar un enfoque proactivo en materia de seguridad, los operadores pueden operar con confianza y disfrutar de los beneficios de participar en el dinámico y prometedor mundo de los mercados de criptomonedas. Salvaguardar las tenencias de criptomonedas protege los activos financieros y promueve la confianza dentro de la comunidad criptográfica en general, lo que en última instancia ayuda a crear un entorno de comercio de criptomonedas más seguro.

Protegiendo su privacidad mientras opera

El comercio de criptomonedas se ha convertido en un mercado dinámico y lucrativo que atrae a comerciantes de todo el mundo. Sin embargo, dada la naturaleza descentralizada y seudónima de las criptomonedas, garantizar la privacidad y la seguridad se vuelve primordial para los comerciantes. En esta sección, exploramos la importancia de la privacidad en el comercio de criptomonedas, los riesgos potenciales asociados con la falta de privacidad y las mejores prácticas para proteger la privacidad al participar en el comercio de criptomonedas.

La privacidad juega un papel fundamental en el comercio de criptomonedas y ofrece varios beneficios a los comerciantes. El anonimato y la libertad financiera son dos ventajas principales de preservar la privacidad en las transacciones de criptomonedas. Al mantener la privacidad, los comerciantes pueden ejecutar transacciones sin revelar información personal, promoviendo así la autonomía en sus transacciones financieras. Además, proteger los datos confidenciales protege a los comerciantes de intentos de piratería informática y robo de identidad, salvaguardando sus activos digitales de una posible explotación.

La falta de privacidad en el comercio de criptomonedas plantea riesgos notables para los comerciantes. Unas medidas de privacidad insuficientes pueden exponer las transacciones financieras, exponiendo potencialmente a los comerciantes a la explotación. La amenaza del doxxing, el acto de revelar públicamente información personal, deja a los comerciantes vulnerables al acoso y ataques dirigidos. Además, las violaciones de seguridad resultantes de una privacidad inadecuada pueden provocar pérdidas financieras y comprometer datos confidenciales.

Para proteger la privacidad de forma eficaz, los comerciantes pueden adoptar una serie de mejores prácticas. El uso de criptomonedas centradas en la privacidad, como Monero y Zcash, oculta los detalles de las transacciones, lo que dificulta el seguimiento de transacciones individuales hasta los comerciantes. El uso de direcciones de billetera privadas para cada transacción agrega una capa adicional de privacidad, minimizando la probabilidad de vincular transacciones con comerciantes específicos.

Las precauciones de seguridad son vitales para proteger la privacidad. Evitar las redes Wi-Fi públicas y no seguras reduce el riesgo de posibles intentos de piratería. Garantizar contraseñas seguras, autenticación de dos factores y cifrado de dispositivos es fundamental para evitar el acceso no autorizado a cuentas e información confidencial.

La aparición de monedas de privacidad ha mejorado la privacidad en las transacciones de criptomonedas. Las monedas de privacidad emplean técnicas criptográficas sofisticadas para ocultar los montos de las transacciones y la información del remitente/receptor, como firmas de anillo y pruebas de conocimiento cero. Al hacerlo, las monedas de privacidad brindan anonimato y seguridad adicionales a los comerciantes.

Además de las monedas de privacidad, los comerciantes pueden recurrir a intercambios descentralizados y plataformas de comercio entre pares para reducir la exposición de los datos. Estas plataformas permiten a los comerciantes controlar sus claves privadas y fondos, minimizando el riesgo de violaciones de datos.
Las herramientas y servicios de privacidad también desempeñan un papel crucial en la protección de la privacidad durante el comercio. Las redes privadas virtuales (VPN) y The Onion Router (Tor) ofrecen mayor privacidad y anonimato al acceder a sitios web y plataformas relacionadas con criptomonedas. Los servicios de mezcla de monedas, también conocidos como vasos de monedas, ayudan a ofuscar los historiales de transacciones, lo que dificulta el seguimiento de los fondos.
Los intercambios centralizados presentan un riesgo potencial para la privacidad debido a las prácticas de recopilación y almacenamiento de datos. Algunos intercambios pueden recopilar datos confidenciales de los usuarios, lo que aumenta el riesgo de violaciones y uso indebido de datos. Los comerciantes deben evaluar cuidadosamente las políticas de privacidad de las bolsas y optar por plataformas con medidas de privacidad sólidas.

El factor humano es igualmente importante a la hora de proteger la privacidad. Educarse sobre las amenazas a la ciberseguridad y las mejores prácticas permite a los comerciantes mantenerse alerta contra posibles violaciones de la privacidad. Ser cauteloso ante los ataques de ingeniería social ayuda a prevenir el acceso no autorizado a cuentas e información confidencial.

Lograr un equilibrio entre la privacidad y el cumplimiento normativo es esencial para los comerciantes. Cumplir con los requisitos legales y al mismo tiempo proteger la privacidad garantiza que los comerciantes puedan participar en el comercio de criptomonedas de manera responsable y segura.

En conclusión, proteger la privacidad al participar en el comercio de criptomonedas es vital para salvaguardar la información personal, la autonomía financiera y los activos digitales. La utilización de las mejores prácticas, como criptomonedas centradas en la privacidad, direcciones de billeteras privadas y dispositivos/cuentas seguros, contribuye a una experiencia comercial segura. Las monedas de privacidad, los intercambios descentralizados y las herramientas de privacidad mejoran el anonimato y el control de las transacciones. Al evaluar las políticas de privacidad de las bolsas, mantenerse informados sobre las amenazas a la ciberseguridad y cumplir con los requisitos regulatorios de manera responsable, los comerciantes pueden lograr el equilibrio adecuado entre privacidad y cumplimiento. En el panorama en constante evolución del comercio de criptomonedas, preservar la privacidad sigue siendo esencial para garantizar una experiencia comercial segura y privada para los comerciantes de todo el mundo.

Cómo lidiar con estafas y fraudes en el espacio criptográfico

El rápido crecimiento de la industria de las criptomonedas ha brindado numerosas oportunidades para inversores y comerciantes, pero también ha atraído a actores maliciosos que buscan explotar a personas desprevenidas. Las estafas y el fraude se han vuelto frecuentes en el espacio criptográfico, lo que plantea riesgos importantes para los comerciantes e inversores. En esta sección, exploramos los distintos tipos de estafas y fraudes en el espacio criptográfico, las consecuencias de ser víctima de dichos esquemas y las mejores prácticas para abordar y prevenir estafas y fraudes.

Las estafas y el fraude en el espacio criptográfico se manifiestan de diversas formas. Las estafas de phishing, por ejemplo, implican intentos fraudulentos de obtener información confidencial, como credenciales de inicio de sesión o claves privadas, haciéndose pasar por entidades legítimas. Los esquemas Ponzi prometen altos rendimientos de las inversiones, pero dependen de nuevas inversiones para pagar a los inversores anteriores, lo que conduce a un colapso inevitable. Las ofertas iniciales de monedas (ICO) y los proyectos falsos engañan a los inversores prometiendo productos o servicios revolucionarios que nunca se materializan. Los esquemas piramidales reclutan participantes que deben invertir y reclutar a otros, prometiendo retornos lucrativos, lo que genera pérdidas financieras para quienes se encuentran en la base de la pirámide. La suplantación de identidad en las redes sociales es otra táctica en la que los estafadores se hacen pasar por figuras conocidas o personas influyentes para promover obsequios u oportunidades de inversión falsos.

Las consecuencias de ser víctima de estafas y fraudes pueden ser graves. Las pérdidas financieras son el resultado más inmediato y tangible, y dejan a los comerciantes e inversores con pocas o ninguna posibilidad de recuperar sus fondos. Más allá de las repercusiones financieras, las víctimas suelen experimentar angustia emocional, sentimientos de traición y también una pérdida de confianza en la industria de las criptomonedas. Además, ser víctima de estafas puede empañar la reputación de uno,
especialmente si sin darse cuenta promueven esquemas fraudulentos entre otros.

Para abordar y prevenir estafas y fraudes, la educación es primordial. Mantenerse informado sobre las recientes estafas y tácticas de fraude permite a las personas reconocer posibles señales de alerta y evitar ser víctimas de esquemas engañosos. Es fundamental verificar la legitimidad de los proyectos y realizar una debida diligencia exhaustiva antes de participar en cualquier oportunidad de inversión. Ser cauteloso con las oportunidades de inversión que prometen altos rendimientos garantizados y poco realistas puede ayudar a evitar posibles estafas. Comunicarse a través de canales seguros, como sitios web oficiales o contactos directos, reduce el riesgo de caer en estafas de phishing.

Identificar señales de alerta en estafas y fraudes es esencial para mantenerse alerta. Ser cauteloso con los mensajes no solicitados, especialmente aquellos que solicitan información personal o contribuciones financieras, puede ayudar a prevenir estafas. Los estafadores suelen utilizar tácticas que presionan a las personas a actuar rápidamente sin tiempo suficiente para investigar o consultar. Los proyectos genuinos brindan información transparente sobre sus equipos, objetivos y hojas de ruta. La falta de dicha información puede indicar una posible estafa.

Denunciar estafas y actividades fraudulentas a las autoridades o plataformas pertinentes es una acción responsable que ayuda a proteger a otros de ser víctimas de esquemas similares. Consultar con profesionales legales puede brindar orientación para recuperar fondos o emprender acciones legales contra los estafadores.

La regulación juega un papel crucial en la lucha contra las estafas y el fraude en el espacio cripto. Una regulación y medidas de aplicación más estrictas pueden ayudar a disuadir a los estafadores y mejorar la protección de los inversores. La comunidad criptográfica también puede promover la autorregulación y establecer estándares industriales para fomentar un entorno más seguro y confiable.

La concientización y el apoyo de la comunidad son fundamentales para enfrentar las estafas y el fraude. Promover una comunidad vigilante que comparta información y alerte a otros sobre posibles estafas puede ayudar a reducir la prevalencia del fraude. Apoyar a las víctimas de estafas y fraudes brindándoles recursos y asistencia ayuda en su recuperación y fomenta un sentido de comunidad más fuerte.

Los intercambios y las plataformas son vitales para proteger a los usuarios de estafas y fraudes. Realizar la debida diligencia antes de incluir nuevos tokens e implementar medidas de seguridad sólidas ayuda a evitar que las estafas lleguen a inversores desprevenidos.

A medida que las estafas y las tácticas de fraude evolucionan, mantenerse informado y adaptarse a las nuevas amenazas es fundamental para protegerse contra el fraude. Las iniciativas continuas de educación y sensibilización dentro de la comunidad criptográfica permiten a las personas protegerse de las estafas.

En conclusión, las estafas y el fraude son realidades desafortunadas en el ámbito de las criptomonedas, pero los comerciantes e inversores pueden tomar medidas proactivas para protegerse. Al informarse sobre las estafas comunes, identificar señales de alerta, realizar la debida diligencia y denunciar actividades fraudulentas, las personas pueden salvaguardar sus inversiones y contribuir a un entorno criptográfico más seguro. Una regulación más estricta, la concienciación de la comunidad y la colaboración de la industria son esenciales para combatir las estafas y promover la integridad dentro de la industria de las criptomonedas. Al trabajar colectivamente, la comunidad criptográfica puede fomentar la confianza, la seguridad y el crecimiento a largo plazo en este ámbito apasionante y transformador.

CAPÍTULO XI
Creación de una cartera diversificada de criptomonedas

La importancia de la diversificación

El mundo del comercio de criptomonedas ha captado la atención de los inversores que buscan participar en el dinámico y potencialmente lucrativo mercado de activos digitales. Sin embargo, dada la volatilidad y los riesgos inherentes asociados a las criptomonedas, los operadores deben adoptar estrategias prudentes para proteger sus inversiones y maximizar los rendimientos potenciales. Esta sección profundiza en la importancia de la diversificación en el comercio de criptomonedas, sus beneficios y las mejores prácticas para implementar una cartera comercial diversificada.

La diversificación, un principio fundamental en los mercados financieros tradicionales, tienen igual o mayor importancia en el ámbito del comercio de criptomonedas.

Se refiere a la práctica de distribuir las inversiones entre múltiples activos o instrumentos para mitigar el riesgo y lograr una cartera equilibrada. Dadas las fluctuaciones extremas de precios que caracterizan al mercado de las criptomonedas, la diversificación se vuelve esencial para gestionar el riesgo de forma eficaz.

La volatilidad en el mercado de las criptomonedas es notoria, lo que lo hace susceptible a cambios de valor rápidos e impredecibles. Como resultado, la falta de diversificación expone a los comerciantes a riesgos sustanciales que podrían resultar en pérdidas financieras significativas. Comprender la importancia de la diversificación en el comercio de criptomonedas es crucial para navegar las complejidades de este panorama financiero único.

Uno de los principales beneficios de la diversificación en el comercio de criptomonedas es la mitigación de riesgos. Al diversificar sus inversiones, los comerciantes pueden reducir el impacto de la volatilidad de los activos individuales. Cualquier pérdida incurrida en ciertos activos puede compensarse con ganancias en otros, asegurando que la cartera general se mantenga estable y menos susceptible a los shocks del mercado. Además, la diversificación actúa como un escudo protector contra las turbulencias del mercado o caídas específicas de criptomonedas. En tiempos de incertidumbre en el mercado, una cartera diversificada es más resistente y protege a los operadores de sufrir pérdidas significativas que aquellos con una estrategia de inversión concentrada.

Si bien la diversificación puede limitar el potencial de ganancias extraordinarias en un solo activo, allana el camino para obtener retornos generales más estables y consistentes. Esto es especialmente relevante en el espacio criptográfico, donde varias criptomonedas pueden experimentar distintos grados de éxito. Al diversificarse en múltiples criptomonedas, los operadores aumentan sus posibilidades de capitalizar oportunidades potenciales de crecimiento en lugar de depender únicamente del rendimiento de un único activo.

Además, la diversificación permite a los operadores equilibrar el riesgo y la recompensa de manera efectiva. Al asignar sus inversiones entre activos de alto y bajo riesgo, los operadores pueden lograr una relación riesgo-recompensa óptima que se alinee con su apetito por el riesgo y sus objetivos de inversión.

Implementar la diversificación en el comercio de criptomonedas requiere una cuidadosa consideración y el cumplimiento de estrategias específicas. Distribuir las inversiones entre diferentes criptomonedas es un paso fundamental hacia la diversificación. Los comerciantes deben evitar la sobreexposición a un solo activo y, en cambio, invertir en una amplia gama de criptomonedas, incluidas las establecidas como Bitcoin y Ethereum, así como altcoins prometedoras.

Tener en cuenta las capitalizaciones de mercado y los niveles de liquidez también es fundamental para lograr una cartera adecuadamente diversificada. Equilibrar las inversiones en criptomonedas con diferentes capitalizaciones de mercado y liquidez ayuda a gestionar el riesgo potencial y, al mismo tiempo, garantiza la facilidad de negociación y la liquidez cuando sea necesario.

Además, la diversificación debería ir más allá de la simple elección de criptomonedas. Los comerciantes pueden mejorar aún más la diversificación incorporando criptomonedas con distintos casos de uso. Esto podría incluir criptomonedas centradas en sistemas de pago, aplicaciones de finanzas descentralizadas (DeFi), tokens no fungibles (NFT) y otros casos de uso emergentes.

Si bien las criptomonedas son el foco principal de una cartera diversificada, los activos tradicionales también pueden desempeñar un papel para lograr una diversificación óptima. Al cubrir sus tenencias de criptomonedas con inversiones convencionales como acciones o bonos, los operadores añaden una capa adicional de gestión de riesgos a su cartera. Incluir activos con correlación baja o negativa con las criptomonedas reduce aún más la volatilidad de la cartera.

Una cartera diversificada no es una entidad estática, sino que requiere evaluaciones y ajustes periódicos para mantener el equilibrio previsto. Los operadores deben evaluar periódicamente el desempeño de su cartera diversificada y realizar los cambios necesarios en función de las condiciones del mercado, nuevas oportunidades de inversión o cambios en su tolerancia al riesgo.

Equilibrar la cartera es un aspecto esencial para mantener la diversificación. Esto implica ajustar las asignaciones de activos para garantizar que la cartera permanezca alineada con el perfil de riesgo y rendimiento deseado por el comerciante. El reequilibrio ayuda a los operadores a adherirse a su estrategia de inversión y a mantenerse encaminados hacia sus objetivos financieros a largo plazo.

Sin embargo, es esencial evitar una diversificación excesiva, que puede diluir los rendimientos potenciales y aumentar la complejidad de la gestión de la cartera. Lograr un equilibrio entre la diversificación y la gestión de una cantidad manejable de activos es crucial para mantener un enfoque de inversión eficaz.

Si bien la diversificación ofrece importantes beneficios, es esencial reconocer que no garantiza ganancias. Con su volatilidad e incertidumbres inherentes, el mercado de las criptomonedas aún puede generar pérdidas financieras, incluso en una cartera diversificada. Durante crisis extremas en todo el mercado, la mayoría de las criptomonedas pueden experimentar pérdidas independientemente de la diversificación.

A pesar de estos riesgos, la diversificación sirve como herramienta de gestión de riesgos y una ventaja psicológica. Una cartera diversificada ayuda a los operadores a mantener la resiliencia emocional durante las fluctuaciones del mercado, reduciendo la necesidad de tomar decisiones impulsivas basadas en movimientos de precios a corto plazo. Fomenta una perspectiva de inversión a largo plazo, enfatizando la importancia de mantenerse comprometido con la estrategia general.

En conclusión, no se puede subestimar la importancia de la diversificación en el comercio de criptomonedas. La diversificación es una estrategia crítica de gestión de riesgos dada la volatilidad inherente y los riesgos asociados con las criptomonedas. Al distribuir las inversiones entre diferentes criptomonedas y activos tradicionales, los operadores pueden proteger sus inversiones, equilibrar el riesgo y la recompensa y mejorar su potencial general para obtener rendimientos estables y consistentes.

Sin embargo, la diversificación no es una decisión que se toma una sola vez; requiere evaluación, reequilibrio y ajustes estratégicos continuos. Los comerciantes deben evitar la diversificación excesiva y ser conscientes de los riesgos que implica el mercado de las criptomonedas. Al incorporar estrategias de diversificación en su enfoque comercial y mantenerse informados sobre la evolución del mercado, los operadores pueden afrontar los desafíos del cripto espacio de manera más efectiva, posicionándose para el éxito a largo plazo en este panorama financiero en constante evolución.

Identificación de criptomonedas prometedoras para su cartera

El mercado de las criptomonedas ha experimentado un crecimiento exponencial y ofrece una gran cantidad de activos digitales para que los exploren los comerciantes e inversores. Sin embargo, en medio de la amplia gama de criptomonedas, el desafío radica en identificar las más prometedoras para incluirlas en una cartera bien estructurada. En esta sección, profundizamos en la importancia de identificar criptomonedas prometedoras, los factores clave a considerar y las mejores prácticas para tomar decisiones de inversión informadas.

La diversidad del mercado de las criptomonedas presenta a los operadores innumerables opciones, cada una de las cuales muestra sus características únicas y posibles casos de uso. Sin embargo, es fundamental reconocer que las criptomonedas se caracterizan por una volatilidad y riesgos inherentes, lo que hace que el proceso de selección sea aún más crítico.

Para identificar criptomonedas prometedoras, los operadores deben considerar varios factores clave que contribuyen al potencial de crecimiento y sostenibilidad de un activo. Es fundamental evaluar la tecnología subyacente y los casos de uso práctico de una criptomoneda. Los proyectos blockchain que ofrecen soluciones tangibles a problemas del mundo real o mejoran los procesos existentes tienen más probabilidades de tener éxito a largo plazo.

El equipo de desarrollo detrás de una criptomoneda juega un papel fundamental en su éxito. Los conocimientos, la experiencia y el historial del equipo ofrecen información valiosa sobre el potencial del activo. Los equipos con sólidas habilidades técnicas y experiencia en la industria tienen más probabilidades de cumplir sus promesas y ejecutar sus planes de desarrollo de manera efectiva.

El apoyo y la adopción de la comunidad también son indicadores importantes del potencial de una criptomoneda. Una comunidad vibrante y comprometida a menudo impulsa la innovación, fomenta la resiliencia y garantiza un ecosistema sólido para las criptomonedas. La adopción generalizada por parte de empresas y usuarios valida aún más el valor y el potencial de crecimiento de un activo.

Evaluar la capitalización de mercado y la liquidez es esencial a la hora de identificar criptomonedas prometedoras. La capitalización de mercado refleja el valor total de una criptomoneda y su tamaño relativo dentro del mercado. Una mayor capitalización de mercado a menudo indica una mayor estabilidad y confianza de los inversores. Además, la alta liquidez garantiza que una criptomoneda se pueda comprar o vender fácilmente sin afectar significativamente su precio, lo que permite experiencias comerciales fluidas.

Analizar el desempeño histórico de los precios y emplear análisis técnico son herramientas esenciales para los comerciantes. El desempeño histórico de los precios proporciona información sobre la volatilidad pasada de una criptomoneda y su potencial de crecimiento futuro. El análisis técnico implica estudiar gráficos de precios e identificar patrones para hacer predicciones informadas sobre movimientos futuros de precios.

Se deben considerar consideraciones regulatorias al seleccionar criptomonedas para su cartera. El cumplimiento de las normas regulatorias es vital para ganar aceptación entre las instituciones y los principales inversores. Comprender el entorno legal y regulatorio que rodea a una criptomoneda es crucial para evaluar su viabilidad a largo plazo.

Las medidas de seguridad y la gobernanza son aspectos críticos del potencial de éxito de una criptomoneda. Evaluar las medidas de seguridad de la tecnología subyacente de una criptomoneda y de la red blockchain es esencial para mitigar el riesgo de hackers y ataques. Además, las criptomonedas con modelos de gobernanza descentralizada suelen ser más resilientes y resistentes a la influencia externa.

Mantenerse informado sobre las noticias del mercado, los desarrollos de la industria y el sentimiento del mercado es vital para tomar decisiones informadas. El seguimiento de las tendencias y las posibles oportunidades de inversión permite a los operadores capitalizar las tendencias emergentes y mantenerse a la vanguardia en el espacio criptográfico en constante evolución.

Un enfoque completo para identificar criptomonedas prometedoras implica una combinación de análisis fundamental y técnico. El análisis fundamental evalúa el valor intrínseco de una criptomoneda en función de sus factores subyacentes, como la tecnología, el caso de uso, el equipo y la comunidad. El análisis técnico, por otro lado, examina gráficos de precios y datos de mercado para identificar tendencias, niveles de soporte y resistencia.

Crear una cartera diversificada es esencial para gestionar el riesgo de forma eficaz. La diversificación permite a los operadores equilibrar activos de alto riesgo y alta recompensa con otros más estables, logrando una relación riesgo-recompensa óptima. Distribuir las inversiones entre diversas criptomonedas y clases de activos reduce la exposición a los riesgos de los activos individuales y contribuye a una cartera más resistente.

En la búsqueda de identificar criptomonedas prometedoras, los comerciantes deben tener cuidado con los errores comunes. Evitar la mentalidad de rebaño y tomar decisiones basadas en investigaciones y análisis exhaustivos es esencial para el éxito. El exceso de operaciones puede generar mayores costos y posibles pérdidas, lo que resalta la importancia de un enfoque disciplinado para la inversión en criptomonedas.

En conclusión, identificar criptomonedas prometedoras para su cartera requiere una consideración y un análisis cuidadosos. Al evaluar la tecnología, el caso de uso, el equipo de desarrollo, el apoyo de la comunidad, la capitalización de mercado, la liquidez, las tendencias de precios y el cumplimiento normativo de cada activo, los operadores pueden tomar decisiones de inversión informadas. Una combinación de análisis fundamental y técnico, al tiempo que crea una cartera diversificada, permite a los operadores capitalizar las oportunidades de crecimiento y gestionar los riesgos inherentes del mercado de cifrado. Al adherirse a las mejores prácticas y evitar los errores comunes, los operadores pueden aumentar sus posibilidades de éxito y posicionarse para un crecimiento a largo plazo en el mundo en constante evolución de las criptomonedas.

Reequilibrio y gestión de su cartera

El mercado de las criptomonedas ha revolucionado el panorama financiero, atrayendo a comerciantes e inversores que buscan capitalizar el potencial de altos rendimientos. Sin embargo, la naturaleza volátil y de rápida evolución del espacio criptográfico presenta desafíos únicos para la gestión de carteras. En esta sección, exploramos la importancia de equilibrar y administrar su cartera en el dinámico mercado criptográfico, el fundamento detrás de estas prácticas y las mejores estrategias para lograr objetivos financieros
mientras navega por las complejidades de los activos digitales.

La gestión eficaz de la cartera implica la asignación estratégica de activos para optimizar los rendimientos ajustados al riesgo. Este proceso es aún más crítico en las criptomonedas debido a la extrema volatilidad e incertidumbre que caracteriza al mercado. La flexibilidad y la adaptabilidad se convierten en atributos clave para que los comerciantes e inversores gestionen con éxito sus carteras en este entorno acelerado.

La volatilidad inherente del mercado de criptomonedas puede provocar desequilibrios en las asignaciones de cartera con el tiempo. El reequilibrio es una herramienta de gestión de riesgos que reajusta la asignación de activos para alinearlos con la tolerancia al riesgo y los objetivos de inversión de un individuo. Permite a los operadores controlar el riesgo de la cartera y evitar la sobreexposición a activos altamente volátiles.

Los operadores pueden equilibrar sus carteras en función de intervalos de tiempo regulares o desviaciones de umbral específicas. El equilibrio basado en el tiempo, como mensual o trimestral, proporciona un enfoque disciplinado que garantiza revisiones y ajustes consistentes. Por otro lado, el equilibrio basado en umbrales ocurre cuando ciertos activos se desvían de sus asignaciones objetivo en un porcentaje predeterminado.

Dos estrategias comunes para equilibrar el mercado de criptomonedas son el enfoque de comprar y mantener y el reequilibrio táctico. El enfoque de comprar y mantener es adecuado para los inversores a largo plazo que periódicamente equilibran sus carteras para mantener las asignaciones de activos deseadas. El reequilibrio táctico, por otro lado, implica ajustes activos basados en las condiciones del mercado y el desempeño de los activos individuales.

Las decisiones de reequilibrio deben alinearse con el apetito por el riesgo y los objetivos financieros de un individuo. El análisis de mercado, incluido el análisis fundamental y técnico, es crucial para tomar decisiones informadas de reequilibrio. Comprender el potencial de cada activo y su contribución a la cartera general es esencial para mantener una combinación de criptomonedas bien optimizada.

Si bien el reequilibrio es una práctica beneficiosa, presenta desafíos y riesgos. El reequilibrio frecuente puede generar mayores costos de transacción, impactando el desempeño general de la cartera. Además, el reequilibrio puede desencadenar eventos tributarios, lo que requiere una cuidadosa consideración de las implicaciones tributarias y sus posibles consecuencias.

Un enfoque integral para la gestión de carteras implica evaluación periódica, diversificación y mantenerse informado sobre las tendencias del mercado y los desarrollos de la industria. Evaluar constantemente el desempeño de los activos individuales y de la cartera en su conjunto ayuda a tomar decisiones proactivas. Mantener una cartera diversificada en varias criptomonedas ayuda a reducir el riesgo y mejora los rendimientos potenciales. Además, mantenerse actualizado con las noticias del mercado y los cambios regulatorios permite realizar ajustes oportunos a la estrategia de la cartera.

Implementar estrategias de gestión de riesgos es crucial en el mercado de las criptomonedas. Establecer órdenes de limitación de pérdidas ayuda a limitar las pérdidas potenciales durante las caídas del mercado. Además, la cobertura mediante derivados o fondos inversos puede proteger la cartera contra la volatilidad del mercado.
La disciplina emocional juega un papel importante en la gestión de carteras. Los operadores deben mantenerse disciplinados y evitar decisiones emocionales impulsadas por fluctuaciones del mercado a corto plazo. Mantener una perspectiva a largo plazo permite a los operadores centrarse en sus objetivos financieros y evitar respuestas reaccionarias a las condiciones volátiles del mercado.

Los avances tecnológicos ofrecen soluciones automatizadas para optimizar la gestión de carteras. Los robo-advisors utilizan algoritmos predefinidos y preferencias de riesgo para automatizar la asignación de activos. Las aplicaciones de seguimiento de carteras brindan información en tiempo real sobre los movimientos del mercado y ayudan a monitorear las asignaciones de activos.
Las estrategias de reequilibrio difieren en los mercados alcistas y bajistas. Durante los mercados alcistas, los operadores obtienen ganancias de los activos con mejor rendimiento y reinvierten en los de menor rendimiento para mantener la asignación deseada. Por el contrario, los

mercados bajistas pueden requerir recucir la exposición a activos de alto riesgo y asignarlos a otros más estables.

Equilibrar y gestionar su cartera de criptomonedas son aspectos integrales para lograr un crecimiento sostenible y mitigar los riesgos en el dinámico mercado de las criptomonedas. Al comprender el fundamento del reequilibrio, determinar la frecuencia adecuada del reequilibrio y considerar factores como el apetito por el riesgo y el análisis del mercado, los operadores e inversores pueden tomar decisiones informadas que se alineen con sus objetivos financieros.

Para afrontar los desafíos y riesgos de la gestión de carteras se requiere un enfoque disciplinado y proactivo. Las estrategias periódicas de evaluación, diversificación y gestión de riesgos contribuyen a una gestión exitosa de la cartera. Además, mantenerse informado y adoptar una perspectiva a largo plazo permite a los operadores navegar por las complejidades del mercado de las criptomonedas y posicionarse para el éxito a largo plazo en este panorama financiero en constante evolución.

CAPÍTULO XII
Evaluación de ofertas iniciales de monedas (ICO) y nuevos proyectos

Comprender las ICO y las ventas de tokens

En los últimos años, las criptomonedas han sido testigos del surgimiento de las ventas de tokens y las ofertas iniciales de monedas (ICO), revolucionando el panorama de la recaudación de fondos para proyectos blockchain. Estos métodos innovadores permiten a las empresas emergentes obtener capital y desarrollar soluciones de vanguardia, al tiempo que brindan a los inversores oportunidades únicas para participar en el mercado de las criptomonedas. En esta sección profundizamos en el concepto de ICO y venta de tokens, su importancia en la industria cripto y los factores a considerar al participar en estos eventos de recaudación de fondos.

Las ICO y las ventas de tokens son mecanismos de recaudación de fondos empleados por proyectos blockchain para recaudar capital mediante la emisión y venta de tokens o monedas digitales. Estos tokens generalmente se crean en redes blockchain y representan activos digitales o utilidades dentro de ecosistemas descentralizados. La tokenización de activos y servicios ha abierto un mundo de posibilidades, permitiendo diversos casos de uso y alterando los modelos financieros tradicionales.

Una de las ventajas clave de las ICO y las ventas de tokens es el acceso al capital que ofrecen a las empresas emergentes y a los proyectos blockchain. Al eludir a los intermediarios tradicionales, estos métodos de recaudación de fondos brindan un camino directo al capital global de inversores de todo el mundo. Además, los fondos recaudados a través de las ICO impulsan la innovación y apoyan el desarrollo de tecnologías y aplicaciones disruptivas que tienen el potencial de remodelar las industrias.

El proceso de realización de una ICO normalmente comienza con la publicación de un documento técnico. Este documento describe los objetivos del proyecto, la tecnología subyacente, el caso de uso y la tokenómica. Según el documento técnico, los tokens se crean y distribuyen a los inversores durante el evento de venta de tokens. Las ICO pueden tener múltiples fases de venta, como venta privada, preventa y venta pública, cada una con diferentes términos y descuentos para atraer a los primeros partidarios.

Durante las ICO se ofrecen dos tipos principales de tokens: tokens de utilidad y tokens de seguridad. Los tokens de utilidad ofrecen acceso a productos o servicios dentro de un ecosistema blockchain, ofreciendo funcionalidad y casos de uso dentro de la plataforma. Por otro lado, los tokens de seguridad representan la propiedad de un activo subyacente o cumplen con requisitos regulatorios, a menudo parecidos a los valores tradicionales.

Los inversores deben actuar con la debida diligencia al considerar la participación en ICO y ventas de tokens. Los factores clave a evaluar incluyen la viabilidad del proyecto, la experiencia del equipo y la tecnología detrás de la plataforma. Además, garantizar el cumplimiento normativo en la jurisdicción del inversor es crucial para protegerse contra posibles problemas legales. Comprender el caso de uso del token y el potencial de apreciación de su valor es esencial para tomar decisiones de inversión informadas.
Las ICO y las ventas de tokens también presentan riesgos y desafíos inherentes. Debido a la falta de regulaciones integrales, los inversores pueden encontrarse con proyectos que operan en una zona regulatoria gris. Esta falta de supervisión puede atraer proyectos fraudulentos o maliciosos, poniendo a los inversores desprevenidos en riesgo de sufrir estafas y pérdidas financieras.

Para proyectos exitosos, el viaje no termina con la venta del token. Incluir el token en intercambios de criptomonedas acreditados es crucial para la liquidez y la accesibilidad a una audiencia más amplia. Crear una comunidad comprometida de usuarios y partidarios también es vital para el éxito a largo plazo del proyecto, fomentando la adopción e impulsando la innovación.

A medida que evoluciona la industria de las criptomonedas, han surgido nuevos modelos de recaudación de fondos, como las ofertas de tokens de seguridad (STO) y las ofertas de intercambio iniciales

(IEO). Las STO ofrecen tokens que cumplen con las regulaciones de valores, brindando protección y responsabilidad adicional a los inversores. Las IEO, por otro lado, se llevan a cabo en intercambios de criptomonedas, lo que mejora la transparencia y la seguridad de los participantes.

Las ICO y las ventas de tokens han cambiado fundamentalmente el panorama de recaudación de fondos para proyectos blockchain, ofreciendo un enfoque innovador y descentralizado para asegurar el capital. Estos métodos de recaudación de fondos se han convertido en impulsores fundamentales de la innovación y el progreso en el espacio criptográfico al brindar acceso a financiación global y promover tecnologías disruptivas. Sin embargo, los inversores potenciales deben tener cuidado y realizar una investigación exhaustiva antes de participar en ICO y ventas de tokens. Evaluar la viabilidad del proyecto, el cumplimiento normativo y la economía simbólica es esencial para tomar decisiones de inversión acertadas. Si bien persisten riesgos y desafíos en este mercado incipiente, el potencial de crecimiento e innovación sigue siendo significativo.

A medida que evoluciona la industria de las criptomonedas, nuevos modelos de recaudación de fondos como STO e IEO presentan vías alternativas tanto para inversores como para nuevas empresas. Al aprovechar las oportunidades con una toma de decisiones informada y una perspectiva a largo plazo, las ICO y las ventas de tokens pueden allanar el camino hacia un futuro más inclusivo y transformador en el mundo en constante cambio de la tecnología blockchain.

Evaluación de la viabilidad de nuevos proyectos de criptomonedas

El mundo de las criptomonedas en rápida expansión ha generado una gran cantidad de nuevos proyectos, cada uno con promesas de soluciones transformadoras y oportunidades lucrativas. Sin embargo, no todos los proyectos están destinados al éxito en medio de este mar de innovación. A medida que los inversores y usuarios buscan navegar en el panorama de las criptomonedas, evaluar la viabilidad de nuevas empresas de criptomonedas se vuelve imperativo para tomar decisiones informadas. En esta sección, exploramos la importancia de evaluar la viabilidad de nuevos proyectos de criptomonedas, los factores clave a considerar durante la evaluación y las estrategias para realizar evaluaciones exhaustivas.

Para empezar, la necesidad de evaluar la viabilidad surge debido a la abrumadora cantidad de criptomonedas que inundan el mercado. Distinguir entre proyectos prometedores con fundamentos sólidos y posibles fracasos se vuelve abrumador. Al evaluar cuidadosamente la viabilidad de nuevos proyectos de criptomonedas, los inversores y usuarios pueden identificar iniciativas que tienen más posibilidades de éxito y contribuyen al crecimiento del ecosistema criptográfico.

La evaluación de la viabilidad está muy influenciada por una serie de factores clave. El documento técnico, que sirve como modelo de un proyecto de criptomonedas, describe su visión, la tecnología subyacente, el caso de uso y los objetivos. El análisis de la claridad y viabilidad de los objetivos del proyecto sienta las bases para la evaluación. Además, los conocimientos y la experiencia del equipo de desarrollo son primordiales. La evaluación de la competencia técnica, el conocimiento de la industria y los logros pasados del equipo proporciona información valiosa sobre su capacidad para ejecutar la visión del proyecto de manera efectiva.

Además, comprender la tecnología subyacente del proyecto es fundamental para determinar su potencial de éxito. Los proyectos que introducen soluciones innovadoras a problemas del mundo real tienen más probabilidades de obtener una ventaja competitiva. Un proyecto de criptomonedas viable debe abordar una necesidad genuina del mercado y ofrecer un caso de uso práctico que agregue valor a los usuarios o resuelva los desafíos existentes.

Además, la fortaleza de la comunidad y el apoyo de los desarrolladores refleja el potencial de crecimiento y adopción de la criptomoneda. Una comunidad comprometida y la participación activa de los desarrolladores significan mejoras y mejoras continuas en el proyecto. Las asociaciones estratégicas con organizaciones establecidas u otros proyectos de blockchain pueden mejorar la credibilidad de la nueva criptomoneda y ampliar su alcance en el mercado.

Para realizar evaluaciones exhaustivas, la investigación y la diligencia debida son indispensables. Examinar el sitio web del proyecto, la presencia en las redes sociales y cualquier prototipo de producto o versión beta disponible puede proporcionar información valiosa. Buscar opiniones de expertos de especialistas de la industria, analistas y comunidades de criptomonedas acreditadas puede ofrecer perspectivas y análisis de expertos adicionales. Al realizar evaluaciones, es esencial estar atento e identificar posibles señales de alerta y señales de alerta.

La falta de transparencia en los objetivos e intenciones del proyecto, las promesas poco realistas de ganancias garantizadas o retornos exagerados y el contenido plagiado generan preocupaciones sobre la legitimidad y credibilidad del proyecto.

Mitigar los riesgos en la inversión es crucial para navegar en el mercado criptográfico altamente dinámico y especulativo. Distribuir las inversiones en una variedad de proyectos de criptomonedas bien evaluados puede ayudar a gestionar los riesgos y reducir la exposición a la volatilidad de los proyectos individuales. La implementación de estrategias de gestión de riesgos, como el establecimiento de niveles adecuados de tolerancia al riesgo y la implementación de órdenes de limitación de pérdidas, puede proteger las inversiones durante las crisis del mercado.

En conclusión, evaluar la viabilidad de nuevos proyectos de criptomonedas es un paso fundamental para tomar decisiones informadas en el mercado de las criptomonedas en constante evolución. La evaluación de factores clave como el documento técnico, la experiencia del equipo, la tecnología, las necesidades del mercado, el apoyo de la comunidad y las asociaciones permite a los inversores y usuarios tomar decisiones bien informadas. Al identificar los riesgos potenciales y realizar una debida diligencia exhaustiva, se vuelve más claro el camino hacia el apoyo a proyectos prometedores que tienen el potencial de dar forma al futuro de la economía digital.

Evitar estafas y ICO fraudulentas

El inicio de las Ofertas Iniciales de Monedas (ICO) ha revolucionado la recaudación de fondos para proyectos blockchain, brindando oportunidades innovadoras para que las nuevas empresas obtengan capital de un grupo global de inversores. Sin embargo, en medio del prometedor potencial de las ICO, la falta de una regulación integral de las criptomonedas ha llevado a la proliferación de estafas y actividades fraudulentas. En esta sección, profundizamos en la importancia de evitar estafas y ICO fraudulentas, las señales de alerta comunes a las que hay que prestar atención y las estrategias para protegerse de esquemas maliciosos.

Las ICO, si bien ofrecen un método novedoso de recaudación de fondos, también se han convertido en un caldo de cultivo para estafas y proyectos fraudulentos. Algunas formas comunes de estafas de ICO incluyen esquemas Ponzi, en los que a los primeros inversores se les paga con fondos de nuevos inversores en lugar de generar ganancias reales del proyecto. Las estafas de salida son otro tipo notorio, en el que los fundadores desaparecen después de cobrar fondos de los inversores, dejándolos sin nada. Los proyectos falsos con documentos técnicos plagiados o inventados también engañan a inversores desprevenidos, presentando una ilusión de credibilidad.

Identificar señales de alerta es crucial para reconocer posibles estafas en el espacio de las ICO. Las promesas poco realistas de altos rendimientos o riesgo mínimo deben ser recibidas con escepticismo, ya que tales garantías a menudo indican esquemas fraudulentos. La falta de transparencia, cuando se oculta información crucial sobre el proyecto, el equipo o la tecnología, genera preocupaciones sobre la legitimidad del proyecto. Además, es esencial examinar las calificaciones y la experiencia del equipo, ya que las ICO fraudulentas pueden incluir miembros del equipo inexistentes o no calificados . Las hojas de ruta poco realistas con plazos improbables también deben considerarse señales de advertencia de posible fraude.

Realizar una investigación exhaustiva es la piedra angular para evitar estafas en el mercado de ICO. Los inversores deben profundizar en los detalles del proyecto, los antecedentes del equipo y la tecnología detrás de la ICO. Verificar la autenticidad del documento técnico y evaluar su originalidad puede ayudar a identificar posibles proyectos falsos. Interactuar con la comunidad del proyecto y buscar opiniones de expertos de la industria puede proporcionar perspectivas valiosas. Además, garantizar que la ICO cumpla con las regulaciones pertinentes en la jurisdicción del inversor puede reducir el riesgo de ser víctima de estafas. Evitar inversiones impulsivas por miedo a perderse algo (FOMO) es esencial para tomar decisiones racionales y bien informadas.

Las plataformas de calificación de ICO ofrecen evaluaciones independientes de proyectos, brindando a los inversores información experta para ayudar en la toma de decisiones. Los comentarios de la comunidad también pueden ofrecer información valiosa sobre la reputación y credibilidad del proyecto.

Para proteger a otros de posibles estafas, es esencial denunciar actividades sospechosas a las autoridades u organismos reguladores pertinentes. Educar a otros sobre posibles estafas puede crear conciencia y evitar que otros inversores sean víctimas de esquemas fraudulentos.

En conclusión, evitar estafas y ICO fraudulentas es fundamental para navegar en el mercado de las criptomonedas. Comprender las señales de alerta comunes, realizar investigaciones exhaustivas y utilizar plataformas de calificación de ICO son esenciales para protegerse de esquemas maliciosos. Al salvaguardar activamente la integridad del espacio de las ICO, los inversores pueden contribuir a un entorno más seguro para proyectos genuinos de blockchain, fomentando la innovación y el crecimiento positivo en el mundo de las criptomonedas.

CAPÍTULO XIII
Impuestos y consideraciones legales para el comercio de criptomonedas

Implicaciones fiscales del comercio de criptomonedas

Las criptomonedas han revolucionado el panorama financiero, trayendo consigo una nueva serie de desafíos en materia fiscal. A medida que estos activos digitales ganan una aceptación generalizada, los gobiernos de todo el mundo se enfrentan a la tarea de regular y gravar las transacciones de criptomonedas. En esta sección, exploramos las implicaciones fiscales del comercio de criptomonedas, las complejidades de los impuestos y la importancia del cumplimiento para los comerciantes.

La naturaleza descentralizada y anónima de las criptomonedas inicialmente planteó desafíos para las autoridades fiscales a la hora de rastrear las transacciones y hacer cumplir los impuestos. Sin embargo, a medida que las criptomonedas ganaron popularidad, los gobiernos comenzaron a desarrollar políticas fiscales para abordar esta nueva forma de activo digital.

Las criptomonedas a menudo se clasifican a efectos fiscales como propiedades o activos de capital, de forma similar a las acciones y los bonos. Dependiendo de la jurisdicción, pueden aplicarse diferentes tipos impositivos a las ganancias de capital a corto y largo plazo.

Varios hechos imponibles generan obligaciones tributarias en el comercio de criptomonedas. Estos eventos incluyen transacciones de criptomonedas a fiat, intercambios de criptomonedas a criptomonedas y compras de criptomonedas. Cada evento puede resultar en ganancias o pérdidas de capital, que deben contabilizarse durante la declaración de impuestos.

Para calcular y declarar con precisión los impuestos sobre el comercio de criptomonedas, las personas deben mantener registros completos de todas las transacciones, incluidas fechas, valores y contrapartes. A menudo se exige a los contribuyentes que informen sobre las transacciones con criptomonedas en sus declaraciones de impuestos, incluidas las ganancias y pérdidas de capital.

La valoración de las criptomonedas plantea un desafío importante debido a su naturaleza volátil. Determinar el valor exacto de los activos en el momento de cada transacción puede ser complejo y requerir herramientas y metodologías avanzadas. Además, los airdrops y forks pueden generar ingresos imponibles adicionales, pero evaluar su valor en el momento de la recepción puede resultar un desafío.

No informar las transacciones de criptomonedas de manera precisa y honesta puede dar lugar a auditorías y sanciones impuestas por las autoridades fiscales. El incumplimiento intencional puede incluso dar lugar a acusaciones de evasión fiscal, con graves consecuencias legales.

Dadas las complejidades de la tributación de las criptomonedas, es muy recomendable buscar asesoramiento de profesionales fiscales y contadores con experiencia en criptomonedas. Mantenerse informado sobre los cambios en las regulaciones fiscales también es crucial para que los comerciantes garanticen el cumplimiento y eviten posibles problemas legales.

A medida que el uso de criptomonedas se generaliza, también lo hace la atención de las autoridades fiscales que buscan regular y gravar las transacciones de criptomonedas. El comercio de criptomonedas conlleva importantes implicaciones fiscales y los comerciantes deben ser conscientes de sus obligaciones de presentación de informes y obligaciones fiscales. Mantener registros detallados, buscar asesoramiento profesional y mantenerse informado sobre los cambios en las regulaciones tributarias son pasos cruciales para navegar en el complejo mundo de los impuestos a las criptomonedas. Al cumplir con las leyes fiscales, los comerciantes contribuyen al desarrollo de un mercado de criptomonedas sostenible y regulado que beneficia a todas las partes interesadas.

Aspectos legales y regulatorios a considerar

Las criptomonedas han alterado el panorama financiero tradicional y presentan desafíos legales y regulatorios únicos. A medida que el uso de criptomonedas se generaliza, los gobiernos de todo el mundo se enfrentan a la tarea de desarrollar marcos legales apropiados para regular su uso y comercio. En esta sección, exploramos los aspectos legales y regulatorios críticos que los comerciantes deben considerar en el comercio de criptomonedas, las complejidades de navegar por el panorama cambiante y la importancia del cumplimiento para garantizar un mercado seguro y sostenible.

Las criptomonedas han transformado la industria financiera, lo que ha llevado a los reguladores a adaptarse y establecer marcos legales adecuados. Diferentes países han adoptado diversos enfoques, que van desde prohibiciones absolutas hasta adoptar las criptomonedas con regulaciones específicas.

Los gobiernos clasifican las criptomonedas de manera diferente con fines regulatorios. Mientras algunos los consideran mercancías, otros los tratan como bienes o valores, sometiéndose a leyes y regulaciones específicas.

Para evitar actividades ilegales y verificar la identificación del cliente, los intercambios de criptomonedas con frecuencia deben cumplir con la legislación Conozca a su cliente y contra el lavado de dinero.

El comercio de criptomonedas puede tener consecuencias fiscales, por lo que los inversores deben cumplir la ley, que incluye divulgar adecuadamente cualquier pérdida o ganancia de capital en sus declaraciones de impuestos.

En muchas jurisdicciones, los intercambios y las empresas de criptomonedas deben obtener licencias o registrarse ante las autoridades pertinentes para operar legalmente.

Proteger a los consumidores de estafas y fraudes es una preocupación importante en el ámbito de las criptomonedas. Las regulaciones tienen como objetivo garantizar la transparencia, la equidad y la responsabilidad en las transacciones de criptomonedas.

El comercio de criptomonedas a menudo trasciende las fronteras, lo que plantea desafíos para que los reguladores coordinen y armonicen las leyes en un mercado cada vez más globalizado.
Las Ofertas Iniciales de Monedas (ICO) han recaudado fondos sustanciales para proyectos blockchain, pero también han atraído estafas. Los gobiernos se centran cada vez más en regular las ICO para proteger a los inversores y promover la transparencia.

Las criptomonedas consideradas valores están sujetas a un escrutinio regulatorio adicional. El cumplimiento de las regulaciones de valores es crucial para que las ICO y los proyectos de criptomonedas eviten repercusiones legales. La naturaleza cambiante de las criptomonedas y los rápidos avances tecnológicos desafían a los reguladores a mantenerse al día con un panorama que cambia rápidamente. Equilibrar la innovación y la protección y al mismo tiempo garantizar la claridad jurídica crea una tarea delicada para los reguladores.
El cumplimiento de las leyes y reglamentos existentes proporciona claridad jurídica a los comerciantes, garantizando que operen dentro de los límites de la ley. Un mercado regulado inspira confianza a los inversores, atrae más inversiones institucionales y promueve la estabilidad general del mercado. Además, el cumplimiento ayuda a los comerciantes a evitar riesgos legales, incluidas sanciones y posibles cierres, protegiendo sus activos e inversiones.

Mantenerse informado sobre el cambiante panorama legal y regulatorio es esencial para que los comerciantes tomen decisiones informadas. Buscar asesoramiento legal de expertos familiarizados con las regulaciones de criptomonedas puede proporcionar información valiosa y garantizar el cumplimiento.

Los aspectos legales y regulatorios son vitales para dar forma al panorama del comercio de criptomonedas. La naturaleza cambiante de las criptomonedas requiere que los reguladores se adapten rápidamente para fomentar la innovación y al mismo tiempo proteger a los inversores y consumidores. Los comerciantes deben ser conscientes de sus obligaciones legales, incluidas AML, KYC, impuestos, licencias y protección del consumidor, para garantizar el cumplimiento de las regulaciones existentes. Al navegar diligentemente por el panorama regulatorio y adherirse al marco legal, los comerciantes pueden contribuir a un mercado de criptomonedas seguro y sostenible que beneficie a todos los participantes.

Mantener registros e informes precisos

El comercio de criptomonedas se ha convertido en un mercado dinámico y lucrativo que atrae a muchos inversores y comerciantes. A medida que aumenta la popularidad de las criptomonedas, también aumenta la necesidad de mantener registros e informes adecuados para garantizar el cumplimiento de las regulaciones fiscales y los requisitos legales. Esta sección explora la importancia de mantener registros e informes precisos en el comercio de criptomonedas, los desafíos que pueden enfrentar los comerciantes y los beneficios de mantener registros meticulosos.

Mantener registros precisos de las transacciones de criptomonedas es crucial para el cumplimiento tributario. Las ganancias y pérdidas de capital deben informarse con precisión a las autoridades fiscales para evitar sanciones y consecuencias legales. Además, mantener registros detallados garantiza que los comerciantes estén preparados para posibles auditorías, proporcionando evidencia que respalde la exactitud de las transacciones informadas.

El comercio de criptomonedas a menudo implica numerosas transacciones, lo que dificulta realizar un seguimiento preciso de todas las órdenes de compra y venta. La naturaleza volátil de los precios de las criptomonedas puede complicar el mantenimiento de registros, ya que los valores de los activos fluctúan rápidamente. Además, la gestión de registros en varios intercambios y billeteras agrega complejidad al proceso, lo que requiere que los comerciantes consoliden datos de múltiples fuentes.

Los registros deben incluir detalles esenciales de la transacción, como la fecha, hora, nombre del activo, cantidad y valor tanto en moneda fiduciaria como en criptomoneda. Los comerciantes también deben documentar cualquier tarifa asociada con el comercio, incluidas las tarifas de transacción y las comisiones de cambio. Registrar direcciones de billetera para enviar y recibir criptomonedas ayuda a verificar la precisión de las transacciones.

Los comerciantes deben informar con prontitud las ganancias y pérdidas de capital, cumpliendo con los plazos de presentación de impuestos para evitar sanciones. La presentación de informes oportunos garantiza el cumplimiento de las regulaciones pertinentes, promoviendo la transparencia en el mercado de las criptomonedas.

Mantener registros precisos puede ayudar a identificar deducciones fiscales y minimizar las obligaciones tributarias, lo que genera posibles ahorros fiscales. Los registros detallados también ayudan a los operadores a evaluar sus estrategias comerciales, identificar movimientos rentables y gestionar los riesgos de forma eficaz. Además, los registros precisos brindan protección legal al demostrar el cumplimiento de las leyes fiscales y los requisitos reglamentarios.

Los comerciantes pueden utilizar herramientas digitales y software de seguimiento de criptomonedas para agilizar los procesos de mantenimiento de registros y simplificar la consolidación de datos. Actualizar los registros rápidamente después de cada transacción garantiza la precisión. La creación de copias de seguridad de registros y el empleo de sólidas medidas de seguridad protegen datos valiosos contra pérdidas o acceso no autorizado. Los comerciantes deben familiarizarse con las regulaciones fiscales sobre criptomonedas específicas de su jurisdicción para garantizar el cumplimiento. Consultar a profesionales fiscales con experiencia en criptomonedas puede brindar orientación sobre los requisitos de presentación de informes y posibles deducciones.

En conclusión, mantener registros e informes precisos en el comercio de criptomonedas es fundamental para el cumplimiento tributario, la preparación para auditorías y la gestión general de riesgos. Los comerciantes deben superar desafíos como gestionar múltiples transacciones y lidiar con la volatilidad de los precios de las criptomonedas. Al mantener registros meticulosos, los comerciantes pueden desbloquear posibles ahorros fiscales y beneficios de protección legal. La presentación oportuna de informes garantiza el cumplimiento de las leyes y regulaciones tributarias, promueve la transparencia y contribuye a un mercado de criptomonedas sostenible y regulado. El uso de herramientas digitales, actualizaciones periódicas y la búsqueda de asesoramiento profesional son estrategias esenciales para un mantenimiento de registros eficaz en el dinámico mundo del comercio de criptomonedas.

CONCLUSIÓN

Tendencias emergentes en el mercado de las criptomonedas

El mercado de las criptomonedas continúa evolucionando rápidamente, impulsado por los avances tecnológicos, el cambio en el sentimiento de los inversores y la creciente adopción generalizada. A medida que el mundo adopta los activos digitales, están surgiendo nuevas tendencias que dan forma al futuro del comercio y la inversión en criptomonedas. En esta sección, exploramos algunas de las tendencias emergentes importantes en el mercado de las criptomonedas, sus implicaciones para los comerciantes e inversores y su impacto potencial en el panorama financiero.

Las finanzas descentralizadas, o DeFi, son una tendencia transformadora en el mercado de las criptomonedas, que ofrece diversos servicios financieros sin intermediarios. Las plataformas DeFi permiten otorgar préstamos, pedir prestado, generar rendimiento e intercambios descentralizados, brindando a los usuarios más control sobre sus activos y mayores rendimientos que los sistemas financieros tradicionales. El crecimiento de los proyectos DeFi indica un cambio hacia un ecosistema financiero más inclusivo y abierto.

Los tokens no fungibles (NFT) han captado la atención mundial como activos digitales únicos que representan la propiedad de arte, música, bienes raíces virtuales y otros objetos de colección digitales. El mercado NFT ha crecido exponencialmente, atrayendo artistas, creadores e inversores. Las NFT brindan nuevas oportunidades para que los creadores moneticen su trabajo directamente y permiten a los coleccionistas establecer la propiedad de artículos digitales raros y valiosos.

Varios países están explorando el desarrollo de monedas digitales de bancos centrales (CBDC) para digitalizar las monedas fiduciarias tradicionales. Las CBDC tienen como objetivo mejorar los sistemas de pago, mejorar la inclusión financiera y abordar las preocupaciones sobre la volatilidad de las criptomonedas. La introducción de CBDC podría afectar potencialmente la adopción y el uso de criptomonedas a medida que los gobiernos buscan mantener el control sobre sus políticas monetarias.

El interés institucional por las criptomonedas ha aumentado en los últimos años. Las principales instituciones financieras y corporaciones están incorporando criptomonedas a sus carteras de inversión, lo que indica una aceptación más amplia y una mayor legitimidad en el sector financiero tradicional. Es probable que la entrada de inversores institucionales aporte más liquidez y estabilidad al mercado.

El impacto ambiental de la minería de criptomonedas ha llamado la atención, particularmente en lo que respecta al consumo de energía. Como respuesta, existe una tendencia emergente hacia prácticas mineras sostenibles que utilizan fuentes de energía renovables para abordar las preocupaciones ambientales y promover operaciones mineras ecológicas.

La tecnología blockchain, la base de las criptomonedas, está encontrando aplicaciones más allá de las finanzas. Industrias como la gestión de la cadena de suministro, la atención sanitaria y los sistemas de votación están explorando el potencial de blockchain para mejorar la transparencia, la seguridad y la eficiencia en diversos procesos.

Los gobiernos de todo el mundo están debatiendo cómo regular las criptomonedas para equilibrar la innovación y la protección de los inversores. El surgimiento de marcos regulatorios claros y completos influirá en el sentimiento del mercado, las decisiones de inversión y el desarrollo de negocios relacionados con las criptomonedas.

Con la proliferación de varias redes blockchain, lograr la interoperabilidad entre diferentes plataformas se está volviendo esencial. Las soluciones entre cadenas tienen como objetivo facilitar la transferencia de activos y las interacciones sin problemas entre múltiples cadenas de bloques, mejorando la usabilidad y funcionalidad general de las aplicaciones descentralizadas.

El mercado de las criptomonedas evoluciona continuamente, impulsado por tendencias emergentes que remodelan la forma en que percibimos y utilizamos los activos digitales. El auge de DeFi y NFT demuestra el potencial de los sistemas descentralizados para revolucionar las finanzas tradicionales y redefinir la propiedad en la era digital. Mientras tanto, las CBDC y la adopción institucional reflejan una creciente aceptación de las criptomonedas en el panorama financiero convencional. A medida que el mercado evoluciona, la atención a las preocupaciones ambientales, los avances regulatorios y la interoperabilidad desempeñarán un papel crucial en la configuración del futuro de la industria de las criptomonedas. A medida que los comerciantes e inversores navegan por este panorama en constante cambio, mantenerse informado sobre las tendencias emergentes es esencial para capitalizar las oportunidades y afrontar los desafíos potenciales. El futuro del mercado de las criptomonedas promete más innovaciones y disrupciones, ofreciendo un vistazo a un mundo financiero más descentralizado, interconectado e inclusivo.

Posibles desafíos y oportunidades

El mercado de las criptomonedas ha experimentado un crecimiento y una transformación notables a lo largo de los años, atrayendo tanto a inversores que buscan oportunidades como a desafíos que exigen una navegación cuidadosa. En esta sección, exploramos algunos de los desafíos y oportunidades potenciales en el mercado de las criptomonedas, enfatizando los factores que pueden influir en su trayectoria futura.

Uno de los principales desafíos en el mercado de las criptomonedas es su volatilidad inherente. Los precios de los activos digitales pueden experimentar fluctuaciones rápidas, influenciadas por factores como el sentimiento del mercado, la evolución regulatoria y los eventos macroeconómicos. Si bien la volatilidad presenta oportunidades para que los operadores aprovechen las oscilaciones de precios, también plantea riesgos, por lo que es esencial que los inversores actúen con cautela y adopten estrategias de gestión de riesgos.

La evolución del panorama regulatorio es otro desafío importante en el mercado de las criptomonedas. Los diferentes países tienen distintos enfoques para la regulación de las criptomonedas, que van desde adoptar y fomentar la innovación hasta imponer restricciones estrictas. La incertidumbre regulatoria puede crear un entorno desafiante para los participantes del mercado, impactando las decisiones de inversión y la adopción de criptomonedas en las finanzas convencionales.

La seguridad sigue siendo una preocupación apremiante en el mercado de las criptomonedas. Los incidentes de piratería informática y los ciberataques a bolsas y carteras han provocado pérdidas sustanciales para los usuarios. Para aprovechar las oportunidades en el mercado, los comerciantes e inversores deben priorizar la seguridad mediante la adopción de prácticas sólidas, como el uso de billeteras de hardware, la habilitación de la autenticación de dos factores y la elección de intercambios acreditados.

Si bien el interés institucional en las criptomonedas está creciendo, la falta de una infraestructura integral sigue siendo un desafío. Los inversores institucionales necesitan servicios de custodia fiables, plataformas comerciales reguladas y herramientas eficaces de gestión de riesgos. El desarrollo de infraestructura de nivel institucional es esencial para atraer inversiones institucionales más sustanciales y mejorar la estabilidad del mercado.

Las criptomonedas ofrecen el potencial de inclusión financiera, brindando a las poblaciones no bancarizadas acceso a servicios financieros. Sin embargo, desafíos como el acceso limitado a Internet y las barreras tecnológicas en ciertas regiones pueden obstaculizar la adopción generalizada. Abordar estos desafíos presenta oportunidades para proyectos centrados en mejorar la accesibilidad y la usabilidad.

La naturaleza dinámica del mercado de las criptomonedas permite innovación y avances tecnológicos continuos. El desarrollo de redes blockchain más rápidas y escalables, capacidades de contratos inteligentes y soluciones de interoperabilidad abre nuevas posibilidades para aplicaciones y servicios descentralizados (DApps). Estas innovaciones pueden dar forma al futuro de las finanzas y crear oportunidades para emprendedores y desarrolladores.

A medida que las criptomonedas ganan aceptación, surgen oportunidades para su integración en los sistemas financieros tradicionales. Las asociaciones entre proyectos de criptomonedas e instituciones financieras tradicionales pueden cerrar la brecha entre los activos digitales y el sistema financiero heredado, aumentando la adopción y proporcionando un camino para la adopción masiva.

La naturaleza intensiva en energía de la minería de criptomonedas ha generado preocupaciones ambientales. Las innovaciones en prácticas mineras sostenibles, la utilización de fuentes de energía renovables y el surgimiento de mecanismos de consenso de prueba de participación (PoS) presentan oportunidades para redes blockchain respetuosas con el medio ambiente.

Las criptomonedas ofrecen un medio eficiente y sin fronteras para transacciones y remesas transfronterizas, especialmente para regiones con acceso limitado a los servicios bancarios tradicionales. Las oportunidades en este espacio implican el desarrollo de soluciones que agilicen los pagos transfronterizos y reduzcan los costos de transacción.

El mercado de las criptomonedas es dinámico y está evolucionando, y presenta desafíos y oportunidades para comerciantes, inversores y emprendedores. La volatilidad y la incertidumbre regulatoria exigen una toma de decisiones y una gestión de riesgos cautelosas. Sin embargo, el potencial de inclusión financiera, innovaciones tecnológicas y adopción generalizada ofrece perspectivas interesantes para el futuro de las criptomonedas. Superar los desafíos y aprovechar las oportunidades requiere una comprensión integral del
mercado, el cumplimiento de las mejores prácticas y la voluntad de adaptarse al ecosistema de criptomonedas en constante cambio. A medida que el mercado continúa evolucionando, mantenerse informado y proactivo será clave para afrontar los desafíos y desbloquear las enormes oportunidades en el espacio de las criptomonedas.

Pensamientos finales y comentarios finales

El mercado de las criptomonedas ha recorrido un largo camino desde sus inicios, siendo testigo de un crecimiento exponencial y desarrollos transformadores. Al concluir nuestra exploración de este mercado dinámico, es esencial reflexionar sobre las conclusiones clave, los desafíos y las posibles perspectivas futuras que tenemos por delante. En esta sección, ofrecemos reflexiones finales y comentarios finales sobre el mercado de las criptomonedas, resumiendo su importancia, impacto y naturaleza en evolución.

El viaje de las criptomonedas desde un concepto oscuro hasta un fenómeno global es nada menos que notable. La creación de Bitcoin en 2009 marcó el comienzo de una revolución que desafió los sistemas financieros tradicionales e introdujo activos digitales descentralizados. A lo largo de los años, han surgido muchas criptomonedas, cada una con características y casos de uso únicos. El ecosistema diverso ahora abarca monedas digitales, tokens de utilidad, tokens de seguridad y tokens no fungibles (NFT), lo que contribuye a un mercado cada vez más interconectado y complejo.

El mercado de las criptomonedas presenta muchas oportunidades, que van desde posibilidades comerciales lucrativas hasta finanzas descentralizadas (DeFi) y avances en la tecnología blockchain. Los inversores y comerciantes han sido testigos de importantes retornos de sus inversiones, mientras que las aplicaciones descentralizadas continúan remodelando varias industrias. Sin embargo, junto con estas oportunidades, persisten desafíos, incluidas incertidumbres regulatorias, preocupaciones de seguridad e impactos ambientales. Abordar estos desafíos es crucial para el crecimiento sostenible y fomentar la confianza dentro de la comunidad de criptomonedas.

La regulación sigue siendo un tema crítico en el mercado de las criptomonedas. Lograr el equilibrio adecuado entre fomentar la innovación y proteger a los inversores es un desafío constante para los responsables de la formulación de políticas en todo el mundo. Unas regulaciones claras y completas pueden infundir confianza, atraer inversores institucionales y mejorar la estabilidad del mercado. El camino hacia la regulación requiere la colaboración entre la industria y los reguladores para crear un entorno que fomente el crecimiento responsable y proteja a los participantes del mercado.

La adopción de criptomonedas por parte de instituciones y corporaciones convencionales se ha acelerado en los últimos años. Las principales instituciones financieras, empresas de tecnología e incluso gobiernos han dado pasos importantes para adoptar los activos digitales. La adopción generalizada valida el potencial de las criptomonedas y allana el camino para una mayor aceptación e integración en las finanzas tradicionales. Sin embargo, lograr una adopción masiva sigue siendo multifacético y requiere interfaces fáciles de usar, escalabilidad mejorada y medidas de seguridad mejoradas.

Los avances tecnológicos en blockchain y las criptomonedas continúan impulsando la innovación. Desde soluciones de escalabilidad hasta interoperabilidad entre cadenas, los desarrolladores están constantemente superando los límites para mejorar la eficiencia y usabilidad de las redes blockchain. A medida que la tecnología evoluciona, surgen posibilidades interesantes, como aplicaciones descentralizadas que pueden transformar industrias más allá de las financieras, incluida la gestión de la cadena de suministro, la atención médica y los juegos.

Las criptomonedas tienen el potencial ce fomentar la inclusión financiera, ofreciendo acceso a servicios financieros para las poblaciones no bancarizadas o insuficientemente bancarizadas en todo el mundo. Las criptomonedas pueden proporcionar una puerta de entrada a la participación y el empoderamiento económico, particularmente en regiones con acceso limitado a la infraestructura bancaria tradicional. El impacto social positivo de las criptomonedas se extiende más allá de la inclusión financiera, con proyectos que utilizan la tecnología blockchain para abordar desafíos sociales y ambientales.

Las prácticas de inversión responsable y la gestión de riesgos se vuelven primordiales a medica que más personas e instituciones ingresan al mercado de las criptomonedas. Los inversores deben realizar una investigación exhaustiva, comprender los riesgos asociados con las inversiones en criptomonedas y evitar el comportamiento especulativo. Las estrategias de gestión de riesgos, incluida la diversificación y el establecimiento de objetivos de inversión claros, pueden ayudar a sortear la volatilidad inherente del mercado.

El mercado de las criptomonedas es un testimonio del poder de la innovación, la tecnología y la creatividad humana. Ha alterado las finanzas tradicionales, ofrecido nuevas oportunidades y desafiado el pensamiento convencional. Al concluir nuestra exploración del mercado de las criptomonedas, es evidente que este viaje apenas ha comenzado. El futuro del mercado está repleto de posibilidades y su desarrollo depende de los esfuerzos colectivos de la industria, los reguladores y los participantes del mercado.

Las criptomonedas tienen el potencial de remodelar el panorama financiero global, promover la inclusión financiera e impulsar avances tecnológicos. Sin embargo, lograr estos objetivos requiere una toma de decisiones responsable, colaboración y un compromiso para abordar los desafíos de regulación, seguridad y sostenibilidad ambiental.

Mientras los comerciantes, inversores y entusiastas navegan por el mercado de las criptomonedas, es fundamental permanecer alerta, informado y actuar con prudencia. Al aprender del pasado, adoptar la innovación y adherirnos a principios éticos, podemos contribuir colectivamente a un ecosistema de criptomonedas próspero, sostenible e inclusivo. El viaje que tenemos por delante está lleno de promesas y juntos podemos dar forma a un futuro en el que las criptomonedas

desempeñen un papel transformador en la configuración
de un mundo más descentralizado e interconectado.

Gracias por comprar y leer/escuchar nuestro libro. Si este libro le resultó útil/útil, tómese unos minutos y deje una reseña en la plataforma donde compró nuestro libro. Sus comentarios son muy importantes para nosotros.